Criterios psicopedagógicos y recursos para atender la diversidad en secundaria

Javier Onrubia (coord.), Maria Teresa Fillat,
M.ª Dolors Martínez Nó, Manuel Udina

GRAÓ

Biblioteca de Aula | 201

Biblioteca de Aula
Serie Atención a la diversidad / Ciencias Experimentales / Lengua / Matemáticas

C/ Francesc Tàrrega, 32-34. 08027 Barcelona
www.grao.com

1.ª edición: septiembre 2004
ISBN: 84-7827-350-6
D.L.: B-37.404-2004

Diseño de cubierta: Xavier Aguiló
Impresión: Imprimeix
Impreso en España

Índice

1

Introducción

El presente libro aspira a ser un instrumento de apoyo para los profesores y profesoras y para los centros educativos que se esfuerzan, día a día, en mejorar la calidad de la enseñanza, y que entienden que dicha calidad pasa, fundamentalmente, por ofrecer a todos y cada uno de los alumnos el apoyo que necesitan para progresar y aprender. El libro parte del convencimiento de que, cuando hablamos de la escolaridad obligatoria, responder de manera inclusiva a la diversidad del alumnado no es una opción, sino que es una parte esencial e irrenunciable de la tarea básica del sistema educativo: asegurar que todos los alumnos y alumnas adquieren los saberes y capacidades necesarios para poder desarrollarse adecuadamente como personas e insertarse y participar de forma activa, creativa y crítica en nuestra sociedad.

Si bien esta tarea es sin duda difícil y requiere un amplio conjunto de condiciones y soportes –infraestructura y medios materiales, recursos humanos, condiciones organizativas e institucionales, redes de apoyo a los centros, y un compromiso amplio de corresponsabilización social con la educación, en la escuela y fuera de ella–, es en último término factible llevarla a cabo con posibilidades de éxito, en tanto disponemos de una amplia base de experiencias y ejemplos concretos de desarrollo de prácticas inclusivas en distintos contextos y situaciones, así como de un caudal de conocimiento psicológico y educativo, en continuo crecimiento, capaz de fundamentar y orientar de manera adecuada la puesta en marcha de tales prácticas en los centros y en las aulas.

Desde este planteamiento, el libro propone, justifica, y ejemplifica para el caso de tres áreas curriculares concretas –ciencias experimentales, lengua y matemáticas–, algunos criterios psicopedagógicos dirigidos a favorecer una respuesta inclusiva a la diversidad del alumnado a través de la adaptación de los diversos elementos y componentes del currículo.

Estos criterios surgen del cruce entre el conocimiento psicoeducativo y el conocimiento didáctico en las distintas áreas consideradas, y combinan y tratan de integrar sistemáticamente aportaciones que provienen tanto de la teoría como de la práctica, tanto de la reflexión conceptual como de la experiencia cotidiana en las aulas. Los criterios y ejemplificaciones propuestos se constituyen, así, en un material que se pretende que sea útil para ayudar a los profesores y los centros, tanto en el diseño de la enseñanza como en el análisis y reflexión sobre la su propia práctica: una especie de «caja de herramientas» que pueda emplearse ante diversas situaciones prácticas de aula y en distintos contextos de uso -procesos de valoración y revisión de la enseñanza, de mejora e innovación, de planificación y programación, de formación permanente o de asesoramiento, entre otros-, de carácter tanto individual como colectivo.

Los criterios y ejemplificaciones propuestos en el libro se elaboraron en el marco de un trabajo realizado por los autores para el Servicio de Gestión de Programas Educativos del Departamento de Enseñanza de la Generalitat de Catalunya, y fueron publicados originalmente en lengua catalana. Se presentan ahora por primera vez en lengua castellana, en una edición íntegramente revisada.

El resto de la presente introducción pretende detallar algunos aspectos relativos a los objetivos del material, sus referentes y trasfondo teórico, y su estructura. Especificar estos aspectos es necesario para facilitar la adecuada ubicación y comprensión del material, poner de relieve sus posibilidades de uso y sus limitaciones y, en definitiva, ayudar a su mejor utilización por parte de los maestros y maestras, profesores y profesoras, así como de los restantes profesionales de la enseñanza -psicopedagogos, psicólogos escolares, formadores, asesores curriculares...- que puedan emplearlos.

Objetivos y alcance del material

Algunos comentarios sobre la caracterización general del material que hemos realizado hasta ahora permitirán establecer con mayor detalle su alcance y sus objetivos.

En primer lugar, el material pretende, como se ha indicado, ofrecer algunos criterios para la adaptación del currículo desde la perspectiva de la respuesta educativa a la diversidad del conjunto de alumnado. Además del adjetivo *algunos*, que recalca que, obviamente, los criterios considerados no pretenden ni pueden pretender agotar la temática ni presentarse como una relación cerrada y exclusiva, tanto el término *criterios* como la referencia a la relación entre adaptación del currículo y respuesta a la diversidad requieren, en este punto, algún comentario adicional.

En cuanto al término *criterios*, quiere destacar el carácter, al mismo tiempo abierto pero también concreto y orientador, que intentan tener las propuestas que se presentan. El carácter abierto de las propuestas es necesario desde una concepción de los procesos de enseñanza y aprendizaje como fenómenos dinámicos y complejos, que se van construyendo en la propia interacción entre los participantes y que se dan siempre de una manera contextualizada. Esta concepción supone la imposibilidad de reducir la actividad del educador o la educadora a un conjunto rígido y preestablecido de consignas o recetas de acción que se puedan aplicar de forma mecánica e indiscriminada a cualquier situación; una idea en la que debe insistirse aún más cuando justamente de lo que se trata es de una adaptación del currículo y de respuesta a la diversidad. Por otra parte, el carácter concreto y orientador es también imprescindible para un material que se pretende auténticamente útil e instrumental.

El intento de respetar de un modo conveniente este doble carácter ha incidido considerablemente en la estructura del material que se presenta y en su formato final.

Esta estructura sitúa el material finalmente elaborado en un nivel intermedio entre los trabajos *teóricos* más habituales sobre la respuesta a la diversidad (capaces de dar principios útiles de carácter general tanto para el análisis como para el diseño de las situaciones habituales de enseñanza y aprendizaje, pero que por su propia naturaleza no suelen ofrecer concreciones detalladas de estos principios en contenidos o etapas muy específicas) y los trabajos *prácticos*, también más habituales en la temática (capaces de presentar ejemplos, ilustraciones, experiencias y propuestas didácticas específicas muy detalladas y de aplicación inmediata, pero que por su propia naturaleza no suelen ir más allá de su contexto o contenido de referencia). La ubicación en este nivel intermedio es, sin duda, una de las características que pueden dar potencialidad al material que se presenta, pero también supone un reto de difícil solución y un buen número de riesgos. Por otra parte, este material debe considerarse, a todos los efectos, como necesariamente complementario de los numerosos materiales, algunos más formalizados y otros más directamente vinculados a la práctica, que en este momento son una herramienta habitual de trabajo en el ámbito de la adaptación del currículo y la respuesta a la diversidad del alumnado.

En cuanto a la relación entre adaptación del currículo y respuesta educativa a la diversidad de los alumnos, el material que se presenta parte, en el contexto de sus referentes teóricos, de un triple supuesto:

- Que la respuesta a la diversidad de los alumnos y las alumnas es y debe ser un principio general de acción educativa, que por tanto puede y debe abarcar todas las actuaciones habituales de los profesionales de la enseñanza, y que por eso se aplica a todo el alumnado y no solamente a quienes muestran dificultades en su aprendizaje y necesidades educativas especiales de carácter más o menos grave o permanente.
- Que la adaptación del currículo es igualmente un principio general de acción educativa que comparte las características que se acaban de citar en relación con la respuesta a la diversidad.
- Que entendiéndola así, la adaptación del currículo puede ser un instrumento muy potente (aunque no sea el único) que permita ofrecer una respuesta educativa más adecuada y de mejor calidad a la diversidad de los alumnos.

De acuerdo con este triple supuesto, los criterios de adaptación del currículo que presentamos son entendidos como instrumentos potenciales de atención a la diversidad y tienen como referente constante la acción educativa ordinaria de los profesores y las profesoras en el seno de los grupos-clase habituales, formados por alumnos diversos en cuanto a capacidades, conocimientos previos, motivaciones, intereses y bagaje cultural. No son, por tanto, criterios para el diseño de adaptaciones curriculares individualizadas, ni criterios que se asocien al establecimiento de modificaciones muy significativas del currículo ordinario (aunque, como se verá, hacen referencia a todos sus componentes). No son, tampoco, criterios que se dirijan a la elaboración de programaciones específicas para agrupamientos excepcionales de alumnos, ni que estén pensados para ser aplicados en algunos alumnos concretos de forma aislada.

A pesar de todo, pueden ser, y se pretende que lo sean, criterios que beneficien particularmente a ciertos colectivos de alumnos: aquellos que, sea por las razones que sea, se ven más fuertemente perjudicados por las formas de enseñanza y aprendizaje más rígidas y homogeneizadoras, que participan con mayor dificultad en prácticas educativas cerradas y poco adaptables a las peculiaridades de cada uno, que han perdido la confianza en sus posibilidades de aprender, que se consideran desvinculados de los objetivos de la institución escolar, que requieren formas más ricas, flexibles y variadas de apoyo para mejorar su rendimiento...

En definitiva, se trata de criterios que quieren favorecer particularmente la respuesta a una franja relativamente amplia, y al mismo tiempo diversa, de alumnos y alumnas que «fracasan» de forma más o menos habitual y generalizada, pero que no entran en los circuitos usuales de apoyo extraordinario que tienen las escuelas porque no presentan necesidades educativas especiales graves ni permanentes, porque no son especialmente conflictivos ni problemáticos para la institución, o simplemente porque estos circuitos quedan saturados por otros alumnos. Dando por supuesto, en cualquier caso, que la vía que se defiende para mejorar el aprendizaje de estos alumnos es la utilización, en el contexto habitual y ordinario del trabajo educativo, de formas de enseñanza tan ricas, variadas y flexibles como sea posible para el conjunto del alumnado, de modo que todos pueden ser, como mínimo idealmente, sus beneficiarios.

Como también se ha indicado en la caracterización inicial del material, estos criterios se ilustran y se ejemplifican en tres áreas concretas del currículo: ciencias experimentales, lengua y matemáticas. La ilustración realizada de los criterios en las distintas áreas es consecuencia directa del carácter *intermedio* del material al que nos hemos referido, y del doble intento de dar contenido específico a las ideas y los principios globales, y fundamentación y estructura a las propuestas particulares para guiar la práctica.

Sin entrar en consideraciones más detalladas, que podrán realizarse a partir de la presentación concreta de la estructura del material, hay que apuntar en este momento que los aspectos más globales y generales que forman parte de los criterios y los aspectos más específicos y vinculados a cada una de las áreas, se han pensado y elaborado como elementos que se complementan y se enriquecen mutuamente. El material adquiere, así, un carácter marcadamente interdisciplinario, resultado de la confluencia entre las aportaciones procedentes de la reflexión piscológica y psicoeducativa, las procendentes de cada una de las disciplinas y materias de las áreas curriculares de referencia y las procedentes de la experiencia didáctica y profesional en las distintas áreas. Este carácter interdisciplinario, que permite distintas lecturas del material (más desde los criterios generales o más desde un área concreta), puede ser considerado como otra de las características que le dan potencialidad, pero que al mismo tiempo han representado una dificultad y un reto en el proceso de elaboración quizá no siempre adecuadamente resueltos. En cualquier caso, uno de los objetivos del material que se presenta es, precisamente, favorecer el diálogo y el intercambio entre profesionales de la educación de formación y procedencia diversa, ofreciendo elementos para «traducir» en elementos comunes los lenguajes, no siempre coincidentes, empleados habitualmente por unos y otros en relación con lo que ocurre en las aulas y lo que hacen profesores y alumnos, y esta dimensión interdisciplinaria del material apunta también en esta dirección.

Tanto los criterios que se proponen, como las ilustraciones y los ejemplos que se ofrecen, se mueven, en términos de diseño y planificación curricular, en el ámbito de las programaciones de aula y, en términos de niveles de análisis de la práctica educativa, en el ámbito del sistema de aula. Esto supone, evidentemente, una restricción importante, más aún cuando de los referentes teóricos y del trasfondo conceptual del material se deduce la necesidad absoluta de tomar decisiones sobre la adaptación del currículo y la respuesta educativa a la diversidad en otros niveles de diseño y planificación del currículo, y en otros sistemas que configuran la práctica educativa, como el sistema del centro y distintos subsistemas que forman parte de él (los departamentos didácticos, los equipos de ciclo y de nivel...), y cuando esta necesidad se ve confirmada reiteradamente por la experiencia habitual de los centros. Una vez más, esta restricción pone de manifiesto el carácter parcial y necesariamente complementario con otros materiales y trabajos sobre la temática del material que se presenta.

A pesar de todo, y al margen de la necesidad de disponer de materiales y elaboraciones específicas a otros niveles, hay que destacar que los criterios y ejemplos que se presentan pueden ofrecer, como mínimo parcialmente y en algunos casos, elementos para la reflexión más allá del contexto estricto del aula y su programación. En este sentido, y de una forma directa o indirecta, pueden llegar a ser potencialmente útiles en relación con tareas de diseño de la enseñanza o de reflexión sobre la práctica que vayan más allá de la intervención inmediata en el aula.

Finalmente, el material que se presenta hace referencia prioritariamente a la etapa de educación secundaria obligatoria. Ello se refleja de una manera especial en las ilustraciones y ejemplos de las tres áreas curriculares consideradas, pero es, de hecho, algo que impregna el conjunto del material, y que se pone de manifiesto en la importancia que toman determinados tipos de elementos y propuestas. No obstante, la referencia a la secundaria obligatoria no es exclusiva, y el material aspira también a poder dar por lo menos algunas herramientas y pistas de trabajo para otras etapas, como mínimo para primaria.

Referentes teóricos y conceptuales

El referente teórico general más inmediato del material que se presenta son los planteamientos de la concepción constructivista del aprendizaje escolar y la enseñanza. Estos planteamientos, que a su vez recogen e integran muchas y variadas aportaciones teóricas sobre el desarrollo humano, el aprendizaje, la educación y la escolarización, han sido suficientemente presentados y discutidos en varias publicaciones y trabajos, y no se repetirán aquí (por ejemplo, Coll 1990, 1997, 1999*a*, 2001). Basta con apuntar que, en la perspectiva del material, el aprendizaje escolar se entiende como un proceso progresivo y personal de construcción de significados y de atribución de sentido al propio proceso de aprendizaje por parte de los alumnos y las alumnas, y que la enseñanza se entiende como un proceso de ayuda, tanto directa como indirecta, imprescindible para orientar y favorecer esta construcción, y que intenta ofrecer en cada momento los apoyos y soportes más ajustados al proceso que va realizando el alumnado (el lector interesado puede profundizar en esta caracterización de los procesos de enseñanza y aprendizaje a través de los trabajos de Coll y otros, 1993; y Coll, 1999*b*; así como de las compilaciones de Coll, Palacios y Marchesi, 1990, 2001).

En conexión con este referente teórico, el material parte de una cierta forma de entender la respuesta a la diversidad y la adaptación al currículo, que es necesario explicitar. En cuanto al primer aspecto, el elemento conceptual fundamental que hay que destacar es la propuesta de considerar la adaptación de los métodos y las formas de enseñanza y la llamada *enseñanza adaptativa* como estrategia global más adecuada de respuesta educativa a la diversidad del alumnado. En cuanto al segundo aspecto, el elemento destacable es la caracterización de la adaptación del currículo como principio general que atraviesa toda la actuación educativa. Nos ocupamos a continuación, muy brevemente, de cada uno de estos dos aspectos. El lector interesado puede encontrar una mayor justificación y desarrollo de estas ideas, por ejemplo, en Coll y Miras (1990), Miras (1991) y Martín y Mauri (1996).

La enseñanza adaptativa es aquella estrategia general de respuesta a la diversidad del alumnado basada en la diversificación de las formas de actuación educativa de acuerdo con sus características, mantenido las mismas metas y objetivos globales para todos. A diferencia de otras estrategias de respuesta a la diversidad del alumnado, la enseñanza adaptativa no considera como principio que alumnos y alumnas distintos deban tener objetivos y contenidos de aprendizaje radicalmente diferentes, ni tampoco que la respuesta a la diversidad deba reducirse a determinados colectivos de alumnos con dificultades o problemas en el aprendizaje. Por el contrario, esta estrategia intenta asegurar que todos los alumnos alcancen determinadas capacidades consideradas mínimas e irrenunciables por medio de las adaptaciones curriculares y organizativas que sean necesarias; igualmente, parte del supuesto que todos los alumnos son, por principio, diferentes y que, por tanto, la respuesta a la diversidad implica el trabajo educativo habitual también con todos.

Este planteamiento se basa en una concepción interaccionista del origen de las diferencias psicológicas entre las personas, de acuerdo con la cual éstas son fruto de la interacción entre las características internas de los individuos y las del medio externo. Se entiende, pues, que las características individuales de los alumnos y las alumnas son el resultado de su historia personal y pueden modificarse a través de sus experiencias futuras y, en particular, de sus experiencias educativas futuras. Se entiende, igualmente, que las características individuales más pertinentes desde el punto de vista educativo no son rasgos fijos y estáticos, sino que están sujetas a evolución, y que lo que un alumno o una alumna es capaz de aprender en un momento determinado depende, naturalmente, de sus características individuales, pero también, y sobre todo, del tipo de ayuda educativa que se le proporcione.

Desde esta perspectiva, la respuesta a la diversidad en los centros pasa, fundamentalmente, por la estructuración de situaciones de enseñanza y aprendizaje suficientemente variadas y flexibles, que permitan al máximo número de alumnos acceder en el mayor grado posible al conjunto de capacidades que constituyen los objetivos básicos de la escolaridad. Ello supone diseñar y desarrollar actividades y tareas escolares tan diversas como sea posible, que ofrezcan al alumnado distintos puntos de entrada y de conexión, que posibiliten así su participación e implicación, que les faciliten distintos tipos y grados de ayuda y apoyo tanto de forma directa como indirecta, que estimulen su autonomía y la adopción de un rol cada vez más activo en la gestión y el control de su propio proceso de aprendizaje, y en el marco de los cuales sea posible seguir y evaluar de una manera continua el proceso para tomar decisiones sistemáticas que favorezcan su ajuste.

En esta lógica, la respuesta a la diversidad se integra plenamente en la actuación educativa habitual en las aulas y los centros, hasta el punto que dar respuesta adecuada a la diversidad se puede considerar, ni más ni menos, que abordar de una forma determinada la situación de enseñanza y aprendizaje en su globalidad (una idea que se ha intentado reflejar en los criterios que se proponen en este material). Ello no niega que en momentos y en contextos determinados se puedan llevar a cabo actuaciones especiales de respuesta a la diversidad que tengan un sentido y que sean útiles y necesarias; lo que destaca es que estas situaciones alcanzan su potencialidad más plena cuando no se agotan en sí mismas, sino que se convierten en motor de cambios más amplios y globales en las instituciones escolares y en la manera en que estas instituciones se plantean y desarrollan su labor ordinaria de educar a todos y cada uno de sus alumnos y alumnas.

La manera de entender la respuesta a la diversidad que se acaba de presentar, como algo que implica en su conjunto la propia labor de enseñar y aprender, enlaza directamente con la concepción de la *adaptación del currículo* como principio general que atraviesa toda la actuación educativa. Desde esta perspectiva, la adaptación del currículo es un principio general de planificación y actuación educativa y afecta a todos los alumnos y las alumnas, y no solamente a algunos de ellos, supuestamente problemáticos o diferentes. Por eso, en esta perspectiva, hablar de adaptaciones del currículo no quiere decir, necesariamente, hablar de adaptaciones muy significativas, ni tampoco de adecuaciones curriculares individualizadas; se puede y se debe hablar de adaptación del currículo en el aula ordinaria y para el alumnado ordinario. De hecho, y por poner un ejemplo, el proyecto curricular de centro debería ser, en buena lógica, una *adaptación* en el sentido más estricto del término, del currículo oficial a unos alumnos y alumnas con unas determinadas características y rasgos distintos, y cualquier programación de aula debería ser, también en buena lógica, una adaptación en el mismo sentido del propio proyecto de centro. Ello supone, además, que la adaptación del currículo, entendida globalmente, es responsabilidad de todos los ámbitos y niveles de planificación curricular en los centros (claustro, comisión pedagógica, departamentos, equipos de ciclo y de nivel...) y constituye fundamentalmente una labor de equipo.

En esta perspectiva, las actuaciones de adaptación del currículo deberían afectar, como principio, a las programaciones habituales de las distintas áreas y deberían tener como referente fundamental la intervención en el contexto de los grupos ordinarios de alumnos, es decir, de grupos heterogéneos en cuanto a las características (capacidades, conocimientos y experiencias previas, motivaciones, intereses, bagaje cultural...) de los alumnos y las alumnas que los forman. Conectando con una idea apuntada unos párrafos más arriba, ello no quiere decir que no puedan realizarse adaptaciones que impliquen a otros espacios de planificación curricular y a otras formas de agrupamiento del alumnado, ni tampoco niega la necesidad de adaptaciones extraordinarias para alumnos específicos. Lo que sí remarca, sin embargo, es que estos alumnos, agrupamientos y espacios no deberían ser considerados los destinatarios únicos de las medidas de adaptación del currículo.

En el planteamiento que estamos dibujando, las adaptaciones del currículo se entienden como algo que puede remitir habitualmente a todos sus componentes, y no solamente a los aspectos de metodología didáctica o a las estrategias de gestión del aula. La metodología didáctica es, en esta perspectiva, uno de los aspectos curriculares que se pueden adaptar, pero no el único ni, a veces, el más decisivo. La reflexión sobre qué y cuándo enseñar y evaluar en cada una de las áreas curriculares y sobre por qué hacerlo puede ser, de hecho, una fuente privilegiada de elementos para la adaptación del currículo desde la perspectiva de la respuesta a la diversidad del alumnado (una idea que también se refleja directamente en la estructura del material).

Algo parecido puede afirmarse en cuanto a las adaptaciones y las modificaciones de carácter organizativo: la adaptación del currículo puede suponer, de una forma habitual, modificaciones en aspectos como los horarios, los espacios y los agrupamientos de los alumnos y las alumnas, pero estas adaptaciones deben ser entendidas en cualquier caso como ayudas y apoyos para la mejora de la acción docente, y nunca como actuaciones aisladas ni como soluciones en sí mismas. En otros términos, desde esta perspectiva, las adaptaciones organizativas nunca pueden ser el punto final de la adaptación, sino más bien, y cuando sea necesario, los puntos de partida que favorezcan la posibilidad de generar formas de intervención educativa más ajustadas a las alumnas y los alumnos.

Las ideas y los conceptos anteriores constituyen, brevemente esquematizado, el eje que vertebra, desde el punto de vista teórico, el material que se presenta. Vale la pena remarcar, a este respecto y para terminar, que, si bien este eje está directamente inspirado en las ideas y principios de la concepción constructivista de la enseñanza y el aprendizaje escolar a que nos hemos referido, presenta numerosos puntos de contacto con diversas tradiciones teóricas y prácticas de respuesta no segregadora a la diversidad de los alumnos y alumnas. El lector interesado puede comprobarlo contrastando el tipo de enseñanza y la imagen del aula que se deriva de lo dicho hasta ahora y del conjunto de los criterios y ejemplificaciones que se proponen en el libro con los que se encuentran, por ejemplo, en Ainscow (2001), Przesmycki (1991), Tharp y otros (2002), o con el conjunto de materiales para la formación del profesorado elaborados por la UNESCO en el marco del proyecto «Necesidades especiales en el aula» (UNESCO, 1995).

Estructura y formato del material

El material que se presenta se estructura conceptualmente en tres partes, cada una con un formato y unas características específicas, y también con una extensión distinta.

La primera parte se corresponde con esta introducción y pretende, como se ha indicado, realizar la presentación general del material, especificando sus objetivos y su alcance, sus referentes teóricos así como la estructura y el formato adoptados. Tiene, por tanto, un doble carácter: conceptual, por una parte, e instrumental (en el sentido de herramienta necesaria para la mejor comprensión y uso del material), por otra.

La segunda parte constituye el grueso del material, y está formada por un conjunto de criterios para la adaptación del currículo desde la perspectiva de la respuesta a la diversidad del alumnado, elaborados de acuerdo con las coordenadas planteadas en esta introducción, y estructurados con relación a las cuestiones curriculares básicas: qué enseñar, cuándo enseñar, cómo enseñar, qué, cómo y cuándo evaluar. Más concretamente, se propone un total de veintisiete criterios, cuatro de los cuales hacen referencia a *qué enseñar*, tres al *cuándo enseñar*, catorce al *cómo enseñar*, y seis al *qué, cómo y cuándo evaluar*. Los criterios referidos a cada uno de los componentes forman un capítulo del material y van precedidos de unos comentarios generales muy breves a título de presentación global. En algunos casos (el cómo enseñar y el qué, cómo y cuándo evaluar), los criterios relativos a un mismo componente tienen algún tipo de agrupamiento o categorización interna, en el sentido de que apuntan elementos más directamente relacionados entre ellos; estas agrupaciones también se presentan en los comentarios iniciales. En todos los casos, los criterios incluyen su formulación general, una introducción conceptual y una ejemplificación en cada una de las tres áreas consideradas: ciencias experimentales, lengua y matemáticas.

La introducción conceptual de cada criterio pretende explicitar su significado y hacerlo más claro y más preciso, relacionarlo con los referentes teóricos de partida, y justificar su pertinencia. Por eso incluye, en general, una explicación global del criterio, a veces en un lenguaje menos técnico que el empleado en su formulación, y una justificación conceptual de su pertinencia desde el punto de vista de la adaptación del currículo y la respuesta a la diversidad del alumnado. Ambos aspectos se ilustran, a veces, con pequeños ejemplos de situaciones de la práctica educativa habitual, cuando se ha considerado necesario para que el criterio resulte más comprensible. Igualmente, y según los casos, se incluyen en esta introducción determinadas llamadas de atención, matices, posibles interpretaciones erróneas, contraejemplos... del criterio, que pueden ayudar a aclarar y delimitar su formulación y a interpretarla adecuadamente.

En cuanto a las ejemplificaciones de las distintas áreas, pretenden ofrecer posibles y diversas concreciones del criterio en relación con los contenidos de referencia y con situaciones específicas de enseñanza y aprendizaje. En conjunto, los ejemplos que se incluyen en cada criterio permiten desarrollar y enriquecer su formulación y explicación conceptual; por tanto, van más allá de la ilustración en sentido estricto y restringido, permitiendo así una elaboración más completa de su significado. En esta elaboración, las distintas ejemplificaciones muestran, en ocasiones, cómo un mismo elemento o una dimensión del criterio se concreta de forma diferencial según el contenido y la situación de que se trate; en otras ocasiones, en cambio, cada ejemplificación destaca aspectos o elementos específicos incluidos en el criterio, particularmente pertinentes en relación con cada contenido y/o situación.

Debido a este carácter, las ejemplificaciones pierden gran parte de su significado si se extraen del contexto en el que están ubicadas y se consideran aisladamente.

La formulación del criterio, el comentario conceptual y las ejemplificaciones en las distintas áreas forman, en cada caso, un todo integrado y deben ser entendidas de esta forma, como partes que se nutren y se requieren mutuamente. Este aspecto es decisivo para una utilización adecuada del material, y se vincula directamente con lo apuntado al especificar sus objetivos y su alcance. En este mismo sentido, resulta esencial no cosificar las ejemplificaciones que se proponen; es decir, no entenderlas como las únicas o las mejores posibles, independientemente del alumnado, la situación y el contexto. Su función fundamental, desde este punto de vista, no es prescribir qué hay que hacer y cómo, sino ofrecer posibilidades y abrir perspectivas sobre formas de concretar y «hacer trabajar» los criterios que tengan en cuenta la especificidad de las áreas consideradas. No son modelos para copiar y aplicar de forma inmediata e indiscriminada, sino instrumentos para pensar, y para favorecer la reflexión conjunta desde dos perspectivas que no siempre son fáciles de compaginar: la psicopedagógica y la disciplinaria.

Un último aspecto que hay que destacar en relación con las ejemplificaciones es que pueden ser muy variadas en cuanto a su especificidad y su complejidad. En este sentido, algunas ejemplificaciones ilustran muy globalmente los criterios, y otras remiten a aspectos parciales y peculiares; unas suponen formas de trabajo que se alejan mucho de los modelos didácticos y organizativos más tradicionales, y otras toman estos modelos como base y suponen formas de adaptación muy acotadas y sencillas. Esta diversidad, que puede implicar cierta complicación inicial en la lectura y la apropiación del material, también comporta, sin embargo, la ventaja potencial de proporcionar ideas y ejemplos de trabajo para situaciones y contextos muy distintos. De hecho, se ha pretendido, de forma consciente, incluir como mínimo algún tipo de ejemplificaciones que se asocian a formas muy tradicionales o académicas de trabajo, porque recursos como los que proponen pueden ser los más plausibles (o los únicos posibles) de cara a la modificación de la práctica real de aula en según qué situaciones.

Finalmente, la tercera parte del material, que corresponde al último capítulo, está formada por algunas observaciones adicionales sobre su posible utilización en procesos tanto de planificación de la enseñanza como de análisis y reflexión sobre el desarrollo de la misma.

2

Criterios con relación al «qué enseñar»

La determinación y concreción del *qué enseñar* constituye un elemento de particular importancia en el proceso de adaptación del currículo desde la perspectiva de la respuesta educativa a la diversidad. Propuestas educativas excesivamente sesgadas hacia determinados tipos de contenidos, demasiado parciales en cuanto a las capacidades del alumnado que quieren promover y que pueden aprovechar, poco atentas a sus necesidades personales y sociales, que no mantienen el equilibrio necesario entre lo que los alumnos y las alumnas deben aprender en cada momento y los conocimientos, experiencias, capacidades, intereses y motivaciones que tienen..., dificultan una enseñanza auténticamente adaptativa y pueden llegar a ser una fuente de dificultades en el aprendizaje para buena parte del alumnado. En este sentido, la reflexión sobre qué enseñar y para qué, sobre las capacidades prioritarias que es preciso desarrollar en el marco de una educación obligatoria y con funciones de incorporación a la vida adulta en el seno del grupo social, sobre el sentido de las áreas curriculares en el intento de promover estas capacidades, sobre los contenidos básicos y fundamentales de la escolaridad en esta perspectiva..., resulta una herramienta de primer orden de cara a la atención a la diversidad del alumnado.

En este contexto, se presentan a continuación los siguientes criterios de adaptación del currículo desde la perspectiva de la respuesta a la diversidad del alumnado relativos al qué enseñar:

1. Incluir de una manera equilibrada los distintos tipos de contenidos (normativos, actitudinales, de valores, procedimentales, factuales, conceptuales, de principios) en la planificación y el desarrollo de las unidades de programación.
2. Programar y desarrollar actividades y secuencias de actividades que tengan contenidos procedimentales, normativos, actitudinales y/o de valor como eje organizador.
3. Identificar los aspectos más relevantes del contenido desde el punto de vista de los objetivos educativos de las áreas y del conjunto de la etapa, y asegurar, en el máximo grado posible, su aprendizaje por parte de todo el alumnado.

4. Introducir las modificaciones o ajustes pertinentes en los contenidos que se van a trabajar en las unidades de programación de acuerdo con la información sobre los conocimientos previos de los alumnos y las alumnas obtenidos mediante actividades, más o menos específicas, de evaluación inicial.

Incluir de una manera equilibrada los distintos tipos de contenidos (normativos, actitudinales, de valores, procedimentales, factuales, conceptuales, de principios) en la planificación y desarrollo de las unidades de programación

Las distintas áreas que se consideran en el currículo incluyen distintos tipos de contenidos de enseñanza y aprendizaje (normas, actitudes, valores, procedimientos, hechos, conceptos, principios). Cada uno de estos tipos de contenidos supone una aproximación distinta al saber y al conocimiento, pone en juego procesos de aprendizaje específicos y se vincula con tipos de capacidades de los alumnos y las alumnas igualmente específicos.

Así, por ejemplo, aprender cuáles son y dónde nacen las principales corrientes de la música moderna a partir de textos y libros especializados, aprender a tocar la batería y aprender a disfrutar de la melodía o el ritmo de determinadas composiciones musicales requieren, por lo menos en buena parte, que las alumnas y los alumnos pongan en juego capacidades, conocimientos y experiencias muy distintos, de modo que un mismo alumno o alumna puede tener un grado muy distinto de interés y de posibilidades de aprendizaje en cada caso.

Desde este punto de vista, eliminar de la planificación y/o del desarrollo del trabajo en las aulas cierto tipo de contenido puede considerarse como una manera de reducir artificialmente las posibilidades de que el alumnado se aproxime a lo que tiene que aprender, y de dejar fuera del proceso de enseñanza-aprendizaje capacidades, conocimientos o experiencias de los alumnos y las alumnas que podrían favorecer un aprendizaje más significativo y interés mayor de algunos de ellos por aprender.

La incorporación equilibrada de los distintos tipos de contenidos en la planificación y el desarrollo del trabajo en el aula supone, en este sentido, un criterio de atención a la diversidad del alumnado. Por una parte, porque permite aprovechar mejor las distintas capacidades, conocimientos y experiencias que alumnas y alumnos pueden aportar a las situaciones de enseñanza-aprendizaje, y ofrece más posibilidades de que alumnos diversos puedan aproximarse a aspectos del contenido respecto de los cuales sean competentes y que encuentren interesantes. Por otra, porque disminuye el riesgo de que determinados alumnos queden, en la práctica, excluidos de las actividades que se despliegan en el aula por no ser especialmente competentes o no estar especialmente interesados en el tipo de contenido que se ha tomado, consciente o inconscientemente, como determinante del trabajo que hay que realizar y del aprendizaje que se debe alcanzar.

La posibilidad de tomar en consideración este criterio, en la programación de actividades y tareas en el aula, se relaciona directamente con el tratamiento de los distintos tipos de contenidos en la definición global que se haya realizado de la orientación y el sentido de las distintas áreas curriculares. Si se efectúa, por ejemplo, una caracterización general del área de ciencias sociales en términos exclusivamente conceptuales, o del área de tecnología en términos exclusivamente de habilidades o destrezas manuales, y se definen los objetivos de aprendizaje y los criterios de evaluación del área de acuerdo con estas caracterizaciones, será muy difícil que después, en las actividades habituales del aula, se consideren equilibradamente los distintos tipos de contenidos.

En este sentido, se debe evitar la tendencia, muy habitual, de definir algunas áreas como casi exclusivamente conceptuales –las *áreas académicas* como las matemáticas, las ciencias sociales y experimentales...– y otras como casi exclusivamente *manuales* y *técnicas* –la educación plástica, la tecnología...–.

Y eso tanto por lo que estas caracterizaciones suponen de empobrecimiento y limitación de lo que pueden aportar las distintas áreas a los distintos alumnos como por la consideración y la valoración diferentes que habitualmente se asocian a estas caracterizaciones, lo cual puede favorecer la transformación de las diferencias entre el alumnado en desigualdades en la consideración que se les tiene y el trato que se les dispensa.

Para terminar, es preciso decir que el criterio de equilibrio entre tipos de contenidos no impide que se tome cierto tipo de contenido como eje u organizador para establecer la secuencia y las actividades de enseñanza y aprendizaje, ni tampoco niega que se priorice cierta orientación de contenido en cada una de las áreas. Pero la existencia de este eje o de este contenido organizador no debería suponer el olvido de otros tipos de contenidos del área ni su menosprecio en las actividades de enseñanza y aprendizaje y de evaluación. Por otra parte, una reflexión en profundidad sobre el sentido de las distintas áreas en la etapa, que tenga en cuenta los diferentes objetivos generales de etapa y las diferentes capacidades –motoras, de equilibrio personal, de relación con los demás, de actuación e inserción social, cognitivas, lingüísticas– implicadas en el desarrollo integral de las alumnas y los alumnos, supondrá sin duda una diversificación equilibrada de las orientaciones básicas de las diversas áreas.

Ejemplificación del criterio: área de ciencias experimentales

En el área de ciencias experimentales, la metodología científica es el eje que sustenta todos los contenidos y, tal y como se indica en ella influyen factores conceptuales, procedimentales, actitudinales.

Para ejemplificar el criterio enunciado utilizaremos una unidad de programación alrededor de un eje conceptual: «La Tierra como planeta en el sistema solar». Esta unidad se podría impartir al alumnado de primer ciclo de ESO (eduación secundaria obligatoria). Entre sus objetivos fundamentales se podrían hallar la comprensión, por parte de los alumnos, de distintos fenómenos relacionados con los movimientos de la Tierra y la Luna, como las estaciones del año, las fases de la Luna, los eclipses y las mareas.

Desde la óptica de las actitudes, valores y normas, entre los contenidos de la unidad se podría incluir la valoración de la importancia y el interés de la astronomía, así como el interés por conocer y comprender su evolución histórica. También la valoración de las explicaciones científicas sobre determinados fenómenos, contrastándolas con explicaciones míticas o propias del conocimiento cotidiano. La exactitud en la realización de observaciones y medidas, y la sistematización en la extracción de conclusiones de experiencias y en la reflexión sobre los resultados, serían otros de los contenidos importantes.

Finalmente, se podría considerar como contenido en este ámbito la posibilidad de sorprenderse y recrearse en la contemplación y observación del cielo y de los fenómenos naturales.

Desde la óptica de los procedimientos, serían contenidos de la unidad la observación de los movimientos del Sol y de la Luna, la construcción y el uso de aparatos relacionados con los fenómenos estudiados, la investigación bibliográfica, la obtención de información a partir de medios audiovisuales y la resolución de situaciones-problema con la ayuda de la notación científica y las unidades astronómicas.

Desde la óptica de los hechos, conceptos y sistemas conceptuales se trabajarían en la unidad las concepciones geocéntrica y heliocéntrica del sistema solar, y las características y movimientos de los principales astros del sistema, centrándose en los de la Tierra, el Sol y la Luna, y algunos fenómenos asociados.

Las actividades de aprendizaje y las actividades específicas de evaluación, si se realizan, también deberían considerar los tres tipos de contenidos: presentación de la información por parte del profesorado y búsqueda de fuentes de información por parte del alumnado, contraste de explicaciones sobre fenómenos a partir de distintas concepciones y teorías, cuestiones y situaciones-problema sobre las informaciones recibidas, estudio y aplicación de leyes como la de Kepler y la de la gravitación universal, cálculos con las unidades astronómicas de distancia, medida trigonométrica de distancias Tierra-Luna y Tierra-Sol, construcción de un telescopio galileano, construcción de modelos para visualizar la sucesión de días y noches y las diferencias horarias, construcción de relojes de sol, orientación por medio de coordenadas geográficas, análisis y debate de las modificaciones históricas en la concepción del universo, análisis de explicaciones como la astrológica, observación y contemplación de astros...

Ejemplificación del criterio: área de lengua

Es posible ilustrar el criterio con una unidad de programación para primer ciclo de ESO: «Hablamos con los compañeros». Su objetivo global es que las alumnas y los alumnos sean capaces de establecer una comunicación oral clara y ordenada. El núcleo de la unidad se podría articular alrededor de la preparación y la realización de una exposición oral por parte del alumnado, por ejemplo una descripción de una situación hipotética y de alguna de sus consecuencias, con una argumentación de por qué se cree que las consecuencias serían las indicadas.

Con este planteamiento, la unidad tendría como eje organizador contenidos con carácter procedimental, vinculados al desarrollo de la capacidad de comunicación oral del alumnado: planificar el discurso (decidir el tema, organizar la información, elaborar un guión, seleccionar las estructuras lingüísticas y el léxico...) y producirlo de una manera clara, ordenada y comprensible ante el grupo.

Sin embargo, determinados contenidos conceptuales serían también necesarios como apoyo de los aspectos procedimentales: léxico específico de cada tema elegido, formas verbales, estructuras gramaticales –las perífrasis verbales, la oración condicional y otras oraciones subordinadas...–, los conectores del discurso descriptivo y argumentativo, las reglas de la presentación oral...

Lo mismo se puede decir de una serie de contenidos de carácter normativo y actitudinal. Por una parte, potenciando en el emisor o la emisora la claridad y el orden en las ideas para que pueda ser comprendido, la atención al control de la voz para que se pueda oír, la valoración de la comunicación no verbal para que pueda captar la atención de la audiencia... Por otra, impulsando en los receptores la participación y la atención a la persona que habla, la actitud de respeto, etc.

Los distintos tipos de contenidos se podrían reflejar en las actividades y las tareas de la unidad: juegos de expresión oral con distintos márgenes de libertad en cuanto al contenido y la forma, ejercicios orales y escritos destinados a trabajar aspectos gramaticales y textuales concretos, juegos de simulación en los que se pueden trabajar situaciones similares a las del tipo de texto que finalmente se va a producir, elaboración de guiones de una exposición, preparación colectiva e individual de la exposición, realización de las exposiciones, grabación y valoración posterior, intervenciones de la audiencia, entre otros.

Ejemplificación del criterio: área de matemáticas

El ejemplo corresponde a una unidad titulada «Fórmulas, tablas y gráficos», incluida en un crédito de matemáticas de segundo ciclo de ESO. Su objetivo fundamental es el conocimiento de las relaciones funcionales, con una dedicación especial a las funciones de primer grado.

La unidad empieza con una revisión de técnicas básicas supuestamente conocidas por los alumnos y las alumnas, realizada a partir del trabajo con fórmulas sencillas que incluyen áreas de figuras como triángulos y composiciones de rectángulos. Después se introduce en trabajo con la calculadora, con la doble finalidad de dar a conocer este instrumento y lograr que ganen seguridad en el cálculo más básico. El trabajo con la calculadora tiene aspectos claramente procedimentales, pero también incluye algunos actitudinales: el interés por tener siempre a punto la máquina, la preocupación por vencer la distancia que para muchos supone una herramienta que ven ligada a cosas que no dominan...; justamente se pretende que gracias a la nueva relación con el instrumento puedan superar –o como mínimo no bloquearse de antemano– según qué dificultades.

Globalmente, por tanto, la unidad incorpora los tres tipos de contenidos, a pesar de su base en el ámbito de los conceptos y principios: contenidos actitudinales –seguridad ante el cálculo, sentido de competencia para resolver problemas y tareas matemáticas, rigor y constancia en el trabajo, utilización de instrumentos propios...–, procedimentales –lectura y construcción de tablas y gráficos, cálculo de valores en una relación funcional, ajuste de un modelo a unos datos...–, y específicamente conceptuales –nociones de *variable*, *relación funcional*, *modelización*...–.

Programar y desarrollar actividades y secuencias de actividades que tengan contenidos procedimentales, normativos, actitudinales y/o de valor como eje organizador

La enseñanza y el aprendizaje en la escuela se han identificado, y se siguen identificando con mucha frecuencia, con la enseñanza y el aprendizaje de contenidos de carácter factual y conceptual. Esta identificación se acentúa en las áreas consideradas tradicionalmente más académicas y escolares –que además son, habitualmente, las más valoradas y prestigiadas por la escuela–, y se hace más evidente a medida que avanzamos en los niveles de la escolaridad. De hecho, es posible afirmar que la atribución de éxito o fracaso escolar, y la percepción sobre qué alumnos son «brillantes» y cuáles son «poco aptos» para el aprendizaje escolar, se hace coincidir en muchos casos con el éxito o el fracaso en el dominio de este tipo de contenidos y con la percepción de la competencia del alumno o la alumna para este tipo de aprendizaje conceptual.

Una de las consecuencias del énfasis, casi exclusivo, en este tipo de contenidos es que los alumnos y las alumnas con más dificultades específicas en el aprendizaje de contenidos conceptuales quedan excluidos, con gran facilidad, del funcionamiento de la clase y de las actividades que se realizan en ella, a pesar de que puedan disponer de otro tipo de capacidades, a veces muy fuertemente desarrolladas, que podrían permitir, con otra orientación de contenido, que se incorporaran a ellas adecuadamente. En este sentido, la programación y el desarrollo de actividades y secuencias de actividades con contenidos procedimentales, normativos, actitudinales y/o de valores como eje organizador puede convertirse en una vía adecuada para favorecer una implicación y participación mayor de todos los alumnos en las actividades escolares, así como un aprendizaje mejor. Se trata, en definitiva, de aprovechar sus distintas capacidades y potencialidades para aprender, mediante la diversificación de la actividad escolar.

Plantear la programación y el desarrollo de actividades y secuencias de actividades que tengan contenidos procedimentales, normativos, actitudinales y/o de valores como eje organizador no quiere decir negar el interés y la importancia de los contenidos relativos a hechos, conceptos y principios en el aprendizaje escolar, ni la necesidad de enseñarlos. Tampoco significa que la atención equilibrada a los distintos tipos de contenidos resuelva, por sí misma, los problemas en el aprendizaje de los aspectos más conceptuales que muestran algunos alumnos. Sin embargo, esta atención sí que puede favorecer en muchos casos la realización de aprendizajes que de otra forma podrían bloquearse, y sobre todo puede permitir que un número considerable de alumnos pueda modificar su motivación e interés ante el aprendizaje escolar y su percepción de sí mismos como capaces de llevar a cabo este aprendizaje con éxito.

Ejemplificación del criterio: área de ciencias experimentales

El criterio se ejemplificará mediante una unidad de programación titulada «Alimentarse correctamente», pensada para primer ciclo de ESO. La unidad toma como eje los contenidos actitudinales y procedimentales, y tiene como objetivos globales favorecer hábitos saludables de alimentación en los alumnos y las alumnas y enseñarles a escoger y a tratar correctamente los alimentos en su dieta.

Serán contenidos actitudinales básicos de la unidad la valoración de la importancia de una alimentación equilibrada para la salud, la valoración de la adquisición de hábitos alimentarios saludables, la toma de conciencia de la importancia de un etiquetado adecuado, la correcta conservación y el tratamiento de los alimentos, la adopción de una posición crítica respecto a determinadas modas alimentarias y prácticas consumistas en el ámbito de la alimentación, y la sensibilización ante enfermedades relacionadas con el consumo de grasas, productos azucarados y bebidas alcohólicas.

Como contenidos procedimentales, la unidad incluye la comprensión y el análisis de información escrita acerca de productos alimentarios, la confección de menús de acuerdo con distintas necesidades nutritivas, la comparación entre varias dietas, y la compra y manipulación correcta de alimentos (almacenamiento y conservación, cocinado...).

Los contenidos conceptuales de la unidad aparecerían derivados de los actitudinales y los procedimentales y podrían incluir, fundamentalmente, los constituyentes de los alimentos, su valor nutricional y las equivalencias.

La clasificación de alimentos según su composición, la discusión de equivalencias, la interpretación de etiquetas de distintos productos alimentarios, la detección de necesidades nutricionales, la elaboración de menús, la comparación de la alimentación en distintos países, el análisis de sistemas de conservación, la elaboración de murales que contengan la información anterior o de determinados productos alimentarios, la realización de recetas de cocina, la discusión y debate sobre hábitos alimentarios de los alumnos y las alumnas..., son algunas de las actividades que se pueden realizar durante el desarrollo de la unidad para trabajar los contenidos propuestos.

Ejemplificación del criterio: área de lengua

Se puede ejemplificar el criterio con una propuesta de trabajo dirigida a alumnos y alumnas de primaria (ciclos medio y superior), que gira alrededor de un eje actitudinal: el interés por la lectura. El trabajo pretende, globalmente, animarlos a la lectura y potenciar el hábito de leer a partir de crear el interés por lo escrito, además de ayudarles a experimentar el placer de leer.

La valoración de la lectura como fuente de placer y conocimiento es, por tanto, el eje básico de contenido. El trabajo incluirá también otros elementos relativos al uso y la comunicación a través de la lengua y el trabajo sistemático de la lengua, pero como apoyo a este eje actitudinal.

Entre las actividades que desarrollar y los aspectos que trabajar, se pueden incluir los siguientes:

- La ambientación del aula puede ser un elemento que ayude a trabajar la motivación por la lectura: espacios en los que los alumnos puedan expresar lo que les gustaría encontrar en los libros, carteles relacionados...
- También pueden favorecer la motivación por la lectura la aparición de personajes como «la detective Biblio», que viene con su lupa a descubrir ideas

que están escondidas en el fondo de los libros y nos trae unas tarjetas con preguntas sobre los distintos libros para que le ayuden en sus investigaciones, o bien «el abuelo Cuentacuentos», que nos permitirá explicar o leer cuentos en voz alta.

- Ejercicios de anticipación del argumento de un libro pueden servir de motivación para leerlo: imaginarlo a partir del título, de los subtítulos, de las imágenes de la portada, de la lectura del inicio o de algunos fragmentos escogidos...; también la explicación de un argumento sin final puede motivar a leer el libro para saber cómo acaba; preguntarnos qué sabemos acerca de algún personaje, y qué más querríamos saber de él, nos puede llevar a adentrarnos en su vida y su obra...
- Será necesario facilitar el acercamiento entre alumnos y libros; tener una biblioteca en el aula con libros variados en cuanto a dificultad, tipos de letra, temas y estilos... y facilitar que cada uno pueda manipular, hojear, mirar, elegir, leer, dejarlo correr si no le gusta, coger otro, releerlo si quiere, llevárselo a casa... Será una manera de dar a los alumnos y las alumnas acceso a los libros.
- Habrá que procurar un sentido lúdico a la lectura, de manera que no tenga que generar siempre un trabajo escrito posterior (ficha, resumen, análisis de fragmentos, estudio de personajes...).
- Aunque leer es un acto individual, puede ser motivador comunicar a los demás compañeros y compañeras la propia experiencia como lectores, el argumento de un libro leído, la recomendación del libro favorito...; disponer en el aula de un espacio en el que se puedan exponer las valoraciones críticas de los libros leídos puede ser una manera de comunicar y puede servir de ayuda a los compañeros al realizar su elección; además, se puede dedicar un espacio de tiempo a la tertulia entre alumnos sobre los libros leídos.

Ejemplificación del criterio: área de matemáticas

Se puede ejemplificar el criterio mediante una unidad de programación dirigida al alumnado de primer ciclo de ESO y que se titula «Medir para conocer». Entre otros objetivos, esta unidad pretende consolidar el concepto de *unidad de medida* y hacer entender su carácter convencional, así como lograr la utilización y realización correcta de mediciones en distintos contextos.

El eje de la programación de la unidad es de carácter procedimental, e incluye un conjunto de contenidos relativos a técnicas de medida: medida con unidades autoconstruidas de carácter no estandarizado, uso de instrumentos de medida con unidades convencionales, estimación de magnitudes.... Igualmente, se trabaja la obtención de información en relación con la medida, tomando como contenido procedimental específico el análisis y la comprensión de textos científicos o historia de la ciencia (por ejemplo, sobre la implantación del metro como unidad convencional de medida).

Entre los contenidos conceptuales de la unidad, se incluyen la noción de *magnitud*, tipos y ejemplos de magnitudes, unidades de medida estándar y no estándar, medida directa e indirecta.

La valoración de la importancia de la precisión y el rigor en la medida, y el uso adecuado de determinados medios tecnológicos, son algunos de los contenidos normativos y actitudinales de la unidad.

Identificar los aspectos más relevantes del contenido, desde el punto de vista de los objetivos educativos de las áreas y del conjunto de la etapa, y asegurar, en el máximo grado posible, su aprendizaje por parte de todos los alumnos

Uno de los recursos que se utiliza a menudo, explícita o implícitamente, para dar respuesta a la diversidad del alumnado es la diferenciación entre los aspectos del contenido que hay que enseñar que se consideran *básicos* o *fundamentales*, objeto de trabajo obligado con todos los alumnos y las alumnas, y los que se pueden considerar *secundarios, accesorios* o *de ampliación*, trabajados más específicamente con algunos alumnos concretos que, debido a algunas de sus características, pueden tener más posibilidades de aprenderlos o interés en ellos. Se considera que de este modo se puede atender tanto a los alumnos con mayor necesidad de apoyos y ayudas para aprender el contenido que se trata, como a los que demuestren más capacidades, conocimientos, motivación, interés, etc. en relación con el contenido.

Esta distinción entre lo que es básico y lo que es secundario como respuesta a la diversidad, sin embargo, se puede entender y llevar a cabo de formas muy distintas. Según cómo se haga, esta diferenciación puede llegar a servir realmente como elemento de ayuda para una atención más esmerada a la diversidad en el marco de un trabajo comprensivo; pero según cómo se haga puede suponer más bien un trato claramente segregador de algunos alumnos y una renuncia a la búsqueda de formas de actuación didácticas y organizativas alternativas a las tradicionales y auténticamente flexibles y diversificadas. En este caso, además, puede tener como resultado una profundización aún mayor de las desigualdades entre los alumnos, así como una disminución añadida de las posibilidades de aprendizaje y desarrollo de los que manifestaban las dificultades iniciales.

Buena parte de la clave de estas distintas formas de emplear este recurso, y de sus diferentes resultados y adecuación, radica en cómo se defina y se caracterice la distinción entre lo que es básico y lo que es secundario, y en el punto en el que se coloque la línea de separación entre ambos aspectos. Ésta es, justamente, la cuestión a la que apunta la formulación del criterio.

En la lógica de una enseñanza adaptativa, lo que marca el carácter más o menos básico de un contenido es su contribución al desarrollo de las capacidades del alumnado que la etapa educativa y el área de que se trate pretenden ayudar a desarrollar: cuanto más clara y directamente pueda vincularse el aprendizaje de un contenido a alguna o algunas de las capacidades que el área y la etapa pretenden desarrollar, más básico y fundamental puede considerarse. No pueden concebirse como secundarios, y trabajarse solamente con algunos alumnos o alumnas, contenidos que, en caso de no dominarse, comprometan seriamente la consecución de los objetivos de etapa y de área. Inversamente, es posible que no sea necesario que todo el alumnado domine ciertos contenidos que, a pesar de su importancia disciplinaria o su tradición en la escuela, no supongan una contribución tan decisiva a las capacidades que se pretende desarrollar y por tanto no pueden considerarse básicos en este sentido. Por tanto, el análisis detallado de las capacidades recogidas en los objetivos generales del área, de la contribución de cada área a dichos objetivos y, por tanto, del sentido y la orientación educativa del área en la etapa, y de los objetivos generales del área que se derivan de dicho sentido y orientación, es el instrumento esencial en esta lógica, para delimitar lo que es básico y lo que es secundario.

El análisis de objetivos y capacidades que puede permitir delimitar los contenidos más básicos y fundamentales de cada área en el sentido indicado es una labor compleja, que requiere mantener una visión global del conjunto de la etapa, tanto desde el punto de vista horizontal como vertical, y que debe dar lugar a decisiones compartidas por los distintos profesores y profesoras implicados en cada área. Dadas estas características, deberá ser habitualmente una labor colectiva del profesorado y deberá pasar por los distintos órganos de planificación curricular del centro –comisión pedagógica, departamentos, equipos de ciclo o de nivel...–.

A partir de este trabajo colectivo, cada profesor y cada profesora tendrá la posibilidad de programar secuencias concretas de enseñanza y aprendizaje que intenten garantizar el logro, por parte de todo el alumnado, de los aprendizajes consensuados como básicos. Estructurar en las unidades de programación grupos de actividades y tareas que tengan una gradación progresiva de dificultad y que los alumnos y las alumnas puedan ir superando en momentos distintos, proponer tareas que distintos alumnos o grupos de alumnos puedan resolver a distintos niveles de precisión y elaboración, disponer de materiales complementarios y de ampliación para algunos alumnos mientras los demás siguen con el trabajo básico, incluir actividades opcionales de profundización de ciertos aspectos para algunos alumnos, diseñar actividades de refuerzo que retomen los aspectos más prácticos y de uso en la vida cotidiana de los contenidos, diferenciar los soportes –texto escrito, imagen, manipulación...– mediante los cuales se vehiculan los contenidos, etc. pueden ser algunas de las formas concretas que permitan llevar a cabo este tipo de secuencias de enseñanza y aprendizaje.

Ejemplificación del criterio: área de ciencias experimentales

Se ejemplificarán algunos de los tipos de trabajo sugeridos por el criterio en relación con un contenido del área, como es el conocimiento del funcionamiento del corazón.

Suponemos que, en cuanto a este contenido, se ha delimitado como objetivo básico del trabajo que el alumnado conozca y pueda describir el funcionamiento del corazón en lo tocante a los elementos fundamentales implicados y las fases de la circulación de la sangre dentro del corazón y en los vasos sanguíneos cercanos. El trabajo pretende, por tanto, asegurar este objetivo básico y posibilitar, en algunos casos, su ampliación.

Al principio, se ofrece a las alumnas y los alumnos la información básica sobre el tema, mediante la explicación del profesor o la profesora, o de otros recursos, como puede ser un vídeo sobre el tema.

Después se les proporcionan cuatro siluetas del corazón y los pulmones para que dibujen y designen las fases de la circulación de la sangre en el corazón y en los vasos sanguíneos cercanos. Los alumnos que no han podido identificar correctamente su trayecto formarán los grupos que realizarán la tarea que llamaremos A. El resto de grupos realizará otras tareas –B, C, D, E, F, según el número de alumnos y de grupos–. La tarea A tiene como objetivo lograr los conocimientos básicos, mientras que las restantes amplían el estudio de los caracteres anatómicos ligados al funcionamiento del corazón. Al acabar cada tarea se realizará una puesta en común, en la que los distintos grupos resumirán sus conclusiones con ayuda de una transparencia que recoge una silueta fotocopiada parecida a la utilizada anteriormente, que habrán pintado de acuerdo con las tareas respectivas. La puesta en común permite la integración del conjunto de tareas de ampliación en el marco de la tarea básica esencial.

A continuación, se incluye una breve descripción de cada una de las tareas:

- La tarea A consiste en dar a los grupos siluetas completadas con los nombres –pulmones, órganos, corazón, vasos sanguíneos, ventrículo...–, y también información suficiente para colorear e indicar con flechas las cuatro fases de la circulación.
- Los grupos que realizan la tarea B tienen un corazón seccionado transversalmente a la altura de los ventrículos, un esquema de sus cambios de forma, una pera de goma y agua. Guiados por un cuestionario, van observando la deformación de las paredes y las cavidades independientes del corazón.
- Los grupos de la tarea C observan un corazón entero y, guiados por un cuestionario, identifican los vasos sanguíneos que salen de él.
- Los grupos de las tareas D y E observan respectivamente las partes derecha e izquierda de un corazón disecado y, guiados por un cuestionario, identifican las comunicaciones entre la aurícula, el ventrículo y los vasos sanguíneos.
- Los grupos que realizan la tarea F disponen de un corazón disecado, algodón y una imagen del corazón abierto. Guiados por un cuestionario, observan el funcionamiento de las válvulas y de los vasos sanguíneos.

El trabajo colectivo consiste en realizar una puesta en común en la cual las tareas B, C, D, E y F se integren en el marco de la tarea básica A:

- Los grupos A presentan cuatro fases de circulación: aspiración, propulsión, doble circuito de circulación y sentido final de la circulación.
- Los grupos B detallan la aspiración y la propulsión de la sangre a partir de las deformaciones del corazón.
- Los grupos D y E detallan la doble circulación.
- Los grupos C explican la conexión entre las distintas partes del corazón y el aparato circulatorio.
- Los grupos F detallan el sentido final de la circulación.

Ejemplificación del criterio: área de lengua

La orientación del área de lengua, tanto en la etapa de primaria como en la de secundaria obligatoria, apunta como objetivo fundamental la potenciación de las habilidades comunicativas del alumnado. Ello supone hacer hincapié en el trabajo de los aspectos vinculados al uso de la lengua en distintos contextos y situaciones comunicativas, más que en el aprendizaje del código o de sus normas de forma descontextualizada y al margen de la comunicación.

Partiendo de esta premisa, podríamos ilustrar el criterio en relación con una unidad de programación acerca de la fonología y la ortografía, aspectos a los que se concede mucha importancia y se dedica, habitualmente, buena parte de la clase de lengua, en los cuales el elemento primordial para delimitar los contenidos más básicos pasa por un abordaje de los aspectos fonológicos y ortográficos más enfocado a ofrecer un apoyo a la expresión oral y escrita de los alumnos y las alumnas que a profundizar en ellos aisladamente.

Así, por ejemplo, si nos situamos en el primer ciclo de ESO, podríamos determinar como objetivos básicos que deberían ser alcanzados por todos los alumnos los siguientes:

- Reconocer el concepto de *sonido* y diferenciar, los distintos fonemas del sistema vocálico y consonántico.
- Separar correctamente las sílabas de una palabra e identificar la sílaba tónica.
- Saber aplicar las reglas de acentuación básica.
- Darse cuenta de que la fonética nos sirve para reconocer las variantes dialectales.
- Darse cuenta de que el conocimiento del alfabeto internacional nos acerca al conocimiento de otras lenguas.

Estos objetivos se podrían considerar básicos porque se entiende que inciden directamente en la correcta expresión oral y escrita de los alumnos, y al mismo tiempo comportan un grado básico de reflexión sobre la propia lengua que servirá de referencia en el aprendizaje de otras lenguas.

En cambio, podrían considerarse de profundización el trabajo de aspectos como la diferenciación entre sonido y fonema, la clasificación de los fonemas consonánticos. Estos aspectos suponen un grado superior de reflexión lingüística.

La distinción entre aspectos básicos y de profundización debería reflejarse a la hora de proponer las tareas. Se podría hacer, por ejemplo, con recursos como los siguientes:

- Tareas comunes para todos los alumnos (por ejemplo, separar las sílabas de una lista de palabras y señalar la tónica de cada una).
- Tareas con distintos grados posibles de profundización en las respuestas, por ejemplo, extraer de un dictado o una lectura oral palabras que contengan:
  - Un mismo fonema representado por grafías diferentes (/k/: *c*, *qu*, *k*).
  - Una misma grafía que representa a fonemas diferentes (*g*: /g/, /j/).
- Tareas con gradación de dificultad, para poder exigir a cada alumno hasta un punto determinado: ejercicios de clasificación, subrayado, acentuación... de palabras dadas; dictados y corrección posterior con ayuda; texto escrito en el que se muestre el dominio de las reglas de acentuación; ejercicios específicos sobre las excepciones...

Ejemplificación del criterio: área de matemáticas

Unos de los temas con los que se puede ilustrar este criterio para la ESO es el de los campos numéricos.

El conocimiento y la manipulación de los distintos tipos de números se irán trabajando a lo largo de toda la etapa. En el primer ciclo, y dentro del trabajo sobre la medida, o partir de otras motivaciones, se pueden trabajar los números enteros y racionales. Al trabajar los números racionales conviene relacionar su expresión como fracción con la expresión decimal o con la situación del número racional en la recta. El trabajo con números decimales puede tener como soporte el sistema métrico decimal y la posibilidad de usar la calculadora, y debe ser considerado básico.

Aunque parece difícil calificar el trabajo con fracciones de «no tan básico» o secundario, sí que se puede decir que el trabajo aritmético con fracciones tendrá más sentido si se puede basar en una buena comprensión de la idea de número y se puede relacionar con la intuición de lo que es un número decimal. Las operaciones con fracciones corren el riesgo de ser vistas –y vividas–, por parte de algunos alumnos y alumnas, como algoritmos desprovistos de una traducción intuitiva clara, lo cual puede producir situaciones de bloqueo. Además se añade la tradición escolar que encuentra la justificación de la necesidad de trabajar estos procedimientos en su utilización posterior (en la resolución de ecuaciones o el trabajo con fracciones algebraicas). En este sentido merece la pena destacar los aspectos básicos del contenido; en ningún momento puede perderse de vista la fracción como número, y hay que centrar la crítica de los errores en lo absurdo del resultado (si se lleva a cabo la confrontación numérica) más que en las infracciones del algoritmo. Es algo que hay que hacer sistemáticamente, y en este sentido merece la pena tener presentes los aspectos más relevantes del contenido.

Introducir las modificaciones o ajustes pertinentes en los contenidos que hay que trabajar en las unidades de programación de acuerdo con la información acerca de los conocimientos previos del alumnado que se haya obtenido mediante actividades, más o menos específicas, de evaluación inicial

La investigación psicológica y psicoeducativa ha puesto de manifiesto reiteradamente, en los últimos tiempos, la importancia del conocimiento previo del alumnado en el proceso de aprendizaje. La propia definición del *aprendizaje significativo* como aquél en el que se pone en relación de forma substantiva y no arbitraria el conocimiento previo disponible con lo que se tienen que aprender, es una buena muestra de ello. Desde esta perspectiva, la necesidad de tener en cuenta lo que saben los alumnos, a partir de sus experiencias formales e informales de aprendizaje, se puede considerar un principio general de diseño y desarrollo de la enseñanza.

Sin embargo, más allá de esta importancia general, tomar en consideración los conocimientos previos del alumnado también puede constituir un recurso relevante para dar una respuesta más adecuada a la diversidad. Sus distintas características y experiencias les llevan a disponer de redes de conocimientos también diferentes, que se ponen en juego en el momento de aprender; cuanto más se tengan en cuenta estas diferencias, más adaptada podrá ser la enseñanza. Por ejemplo, el desarrollo de un tema sobre la producción de alimentos en el campo no debería efectuarse igual, razonablemente, con alumnado de un entorno urbano o con alumado de un entorno con una marcada actividad agrícola; la enseñanza del concepto y las técnicas del comentario de texto resultará muy distinta con alumnos que tienen experiencia habitual como lectores en textos de distintos tipos que con los que apenas tienen experiencia lectora; la presentación de información sobre el lenguaje de la imagen probablemente deberá tener en cuenta que muchos alumnos de cierta edad pueden tener como referentes audiovisuales básicos las películas de acción y efectos especiales y los videoclips, y el trabajo sobre mantenimiento físico y salud deberá ser muy distinto entre los que realizan una práctica deportiva sistemática y los que no lo hacen.

Desde esta perspectiva, el criterio indica la importancia, desde el punto de vista de la atención a la diversidad, de realizar actividades, más menos específicas, en las cuales se pueda obtener información acerca de algunos de los conocimientos previos de los alumnos más pertinentes en relación con lo que se quiere enseñar, y de ajustar los contenidos que hay que desarrollar de acuerdo con la información obtenida, introduciendo los cambios pertinentes: hacer hincapié en determinados aspectos, dejar otros en segundo plano, incorporar contenidos complementarios, modificar el orden de presentación de la información, anticipar posibles dificultades, etc. Por tanto, el criterio enfatiza la importancia de que las actividades de evaluación inicial o de exploración y activación de los conocimientos previos de los alumnos tengan repercusión efectiva sobre los contenidos que se enseñan, en el sentido de hacerlos más ajustados a lo que se ha visto que los alumnos saben, hasta qué punto lo saben y de qué manera. Esto supone un tipo de planificación de lo que se va a hacer suficientemente flexible como para poder introducir las modificaciones pertinentes cuando sea necesario, particularmente en los momentos iniciales de una unidad de programación, o de una parte de ella que implica la presentación de nueva información.

Dos comentarios finales resultan necesarios para acabar de precisar el criterio. El primero es que cuando se habla de conocimientos previos del alumnado no se quiere hacer referencia únicamente a los conocimientos académicos o escolares, ni tampoco exclusivamente a los conocimientos de carácter factual o conceptual. Por el contrario, el término quiere incluir todo el conjunto de hechos, conceptos, procedimientos, explicaciones, normas, actitudes y experiencias personales que los alumnos y las alumnas poseen en relación con las distintas parcelas o ámbitos de la realidad a partir de su experiencia, tanto escolar como extraescolar, y de la información a la que hayan podido tener acceso. En este sentido, el análisis de los conocimientos previos de los alumnos no debería quedar restringido a la valoración de la asimilación que han realizado de los contenidos escolares previos de la materia o el ámbito de que se trate, sino que debería intentar evaluar, mediante actividades y tareas suficientemente abiertas, el conjunto más amplio de conocimientos que ponen en juego ante un contenido determinado.

El segundo comentario es que la importancia que se ha atribuido a los conocimientos previos y el papel que se propone que jueguen en la programación y el desarrollo de la práctica en el aula no quiere decir que sea necesario conocer, de una forma completa y detallada, todos los conocimientos previos de todos y cada uno de los alumnos para poder realizar una enseñanza adaptada a la diversidad. Como ocurre en muchos otros aspectos en relación con la atención a la diversidad y la educación en general, la exploración de los conocimientos previos del alumnado no es una cuestión de «todo o nada», sino de grado. Los objetivos que se pretende alcanzar, y la información procedente de la propia experiencia docente sobre los aspectos más relevantes para abordar un determinado contenido o las dificultades más habituales que suelen aparecer, pueden ayudar a delimitar, en el marco de las posibilidades y las restricciones que ofrece cada situación concreta, hasta qué punto es necesario y posible explorar los conocimientos previos del alumnado, y cuáles son los elementos y las relaciones que forman parte de ellos y sobre los cuales puede resultar más decisivo obtener algún tipo de información.

Ejemplificación del criterio: área de ciencias experimentales

La consideración de determinadas ideas previas de los alumnos y las alumnas sobre los fenómenos naturales, propias del conocimiento cotidiano y alejadas del saber científico, es uno de los casos que pueden ejemplificar este criterio, además de ser un ámbito en el que se han desarrollado en los últimos años muchos y muy interesantes trabajos. Estas ideas se muestran fuertemente persistentes y dotadas de una estructura teórica implícita que resulta explicativa de los fenómenos, como mínimo en sus aspectos más aparentes y externos. La mera exposición al estudio de las ciencias, sin una consideración específica de estas ideas, no garantiza su modificación, sobre todo si se tiene en cuenta que los alumnos pueden dar aparentemente respuestas *científicas* en la clase de ciencias y volver a emplear sus preconcepciones en otros contextos. A continuación, se presentan tres ejemplos ilustrativos alrededor del trabajo sistemático a partir de estas ideas.

El primer ejemplo se ubica en una unidad de programación alrededor de los conceptos de *fuerza* y *movimiento*, diseñada para segundo ciclo de ESO. Su objetivo global es que las alumnas y los alumnos comprendan las fuerzas como resultado de la interacción entre cuerpos e identifiquen los distintos tipos de fuerzas que actúan en situaciones cotidianas, los efectos que provocan y las aplicaciones que se derivan de ellos.

En el diseño de la unidad se preveía introducir en primer lugar el concepto de *fuerza* y después el de *cantidad de movimiento*. Al realizar una detección de las ideas previas del alumnado, se ve que vinculan muy directamente el concepto de *cantidad de movimiento* con la idea intuitiva de que los objetos se mueven porque «algo» en su interior –o en ellos mismos– los mantiene en movimiento. Partiendo de esta idea, podría ser apropiado replantearse la secuencia de presentación de los conceptos: introducir en primer lugar la cantidad de movimiento, explicando qué es este «algo», y después presentar el concepto de *fuerza* referido a empujar y tirar cuando se actúa sobre los objetos para distinguirlo claramente de la cantidad de movimiento y subrayar que ésta no es una fuerza. El comentario sobre la totalidad de empujones y tirones que actúan sobre el cuerpo puede llevar a ver cómo los cambios en la cantidad de movimiento son originados por la fuerza total que actúa sobre el cuerpo. Si los alumnos no advierten las relaciones causa-efecto, no es probable que acepten las ideas newtonianas.

El segundo ejemplo se ubica en una unidad de programación acerca de los conceptos de *calor* y *temperatura*, también en segundo ciclo de ESO. Si al analizar las ideas previas de los alumnos y las alumnas se ve que asocian calor con el estado o el efecto que produce, habría que empezar el tema en este punto, por ejemplo diferenciando los efectos físicos de los fisiológicos y señalando la inconveniencia de utilizar las sensaciones corporales como instrumento de medida. Si se detecta confusión en las ideas previas entre *calor* y *temperatura*, habrá que insistir en que la temperatura es una propiedad que expresa el estado de movimiento de las partículas, y que el calor es la energía interna intercambiada. Como ejemplo se pueden tratar cualitativamente fenómenos como el calentamiento por fricción, la tendencia al equilibrio térmico de los cuerpos en contacto, la dilatación por incremento de la temperatura... En esta línea puede ser interesante plantearles situaciones en las que sus explicaciones resulten insuficientes y sea preciso recorrer a otros conceptos como la *diferencia de conductividades*, y sería posible sorprenderles con experiencias más o menos curiosas: hervir agua sobre papel, fundir estaño sobre una carta... Por otra parte, si se detecta que la mayoría del alumnado «no cree» en la constancia de la temperatura a lo largo del cambio de estado –independientemente de otros factores– será necesario plantear experiencias que se lo demuestren.

El tercer ejemplo corresponde a la unidad de programación «La anatomía del aparato respiratorio» para primer ciclo de ESO. Supongamos que del estudio de las ideas previas de los alumnos y las alumnas se reflejara que tienen un profundo desconocimiento de la estructura interna de los pulmones y de las relaciones que, en el terreno anatómico, existen entre los aparatos digestivo y respiratorio. Estos resultados deberían orientar las actividades de clase de forma que, en el terreno anatómico, se establecieran las relaciones entre ambos aparatos y se analizara la estructura alveolar de los pulmones. También sería necesario diferenciar la ventilación pulmonar de los intercambios gaseosos en el ámbito de los alvéolos, del transporte de gases por la sangre y la utilización del oxígeno en el ámbito celular.

Ejemplificación del criterio: área de lengua

Al iniciar una unidad de programación sobre la exposición oral con alumnos y alumnas de primer ciclo de ESO se constata, a partir de la observación durante las actividades iniciales, que un número importante de ellos no posee el hábito de escuchar a sus compañeros. Ante esta constatación es posible introducir una serie de elementos nuevos en la programación de la unidad: actividades específicas para trabajar este contenido, ampliación de la temporalización de la unidad, incorporación del contenido a la evaluación de la unidad. Algunos ejemplos concretos de estos cambios podrían ser:

- Incorporar previamente o paralelamente a las primeras tareas de la unidad actividades de comprensión oral para potenciar la atención de los alumnos y las alumnas: reconocer un dibujo a partir de una explicación, juegos para recordar palabras de una serie o detalles de un hecho, encontrar los errores de una exposición, determinar el orden de unos pasos...; estas actividades se pueden realizar con fuentes de emisión variadas –casete, vídeo, voz del profesor o la profesora, voz de algún alumno– e incrementando progresivamente la duración del espacio de atención.

- Delimitar tareas concretas que los alumnos deben realizar cuando escuchan la exposición de sus compañeros: toma de apuntes, detección de errores, esquema...
- Introducir una actividad de autoevaluación, por parte de los alumnos, en la cual analicen su propia capacidad de escucha y se marquen objetivos y sistemas de seguimiento y control del logro de dichos objetivos.

Ejemplificación del criterio: área de matemáticas

Al empezar la unidad de trabajo siempre es bueno tener en cuenta los conocimientos previos de los alumnos y las alumnas sobre el tema para adecuar al máximo su desarrollo a la situación del alumnado. Para conseguir información sobre estos conocimientos previos, habrá que pensar en actividades de evaluación inicial que pueden ser de varios tipos. Las actividades del tipo «prueba inicial» quizá deberían utilizarse con prudencia en clase de matemáticas, porque según cómo se usen pueden reforzar ideas negativas que los alumnos tengan acerca de su capacidad en relación con la asignatura, y también pueden afirmar la idea de que se quiere trabajar sobre sus carencias más que sobre sus posibilidades. Como alternativa se puede intentar partir de pautas de observación de los alumnos durante las primeras fases del trabajo. Estas pautas deberían hacer referencia tanto a su actitud en relación con el trabajo que se les propone como a sus habilidades procedimentales y a su dominio de los conceptos. Para poder dedicar parte de su tiempo a la observación conviene que en los momentos de trabajo individual de los alumnos el profesor o la profesora vayan hablando y trabajando con ellos, para valorar el proceso que siguen y no solamente el resultado final del trabajo.

Una actividad que puede despertar el interés de los alumnos es plantear un debate o una discusión basándose en las respuestas producidas por ellos mismos a una situación-problema o una tarea previamente planteada. Una posibilidad consiste en pedirles que no resuelvan directamente el problema, sino que expliquen en qué se basa su convicción de que pueden resolver dicho problema. Los resultados de la prueba quizá sean inferiores a los que daría la demanda directa de resolución del problema (porque en ese caso podrían aplicar mecánicamente un algoritmo de solución), pero a menudo se consigue una información sobre las concepciones de los alumnos y las alumnas que no se obtendría con preguntas más cerradas. Por ejemplo, para aclarar si han alcanzado un concepto básico como la *semejanza* y su relación con la proporcionalidad (en segundo ciclo de ESO), se podrían plantear preguntas como la siguiente:

> Una persona de 1,80 metros de altura mide su sombra en un momento de sol y ve que es de 1,50 metros. En el mismo momento, la sombra de una farola vertical es de 4,50 m. ¿Crees que con los datos anteriores la persona puede calcular la altura de la farola? Explica por qué (si es necesario, con dibujos).

El análisis de las respuestas de los alumnos da mucha información. En una clase de tercero de ESO en la que se planteó esta cuestión se apuntó, por ejemplo, que aunque muchos alumnos dieron respuestas aceptables, eran muy pocos los que hacían referencia al concepto de *semejanza* o al hecho de que se trabajaba con figuras parecidas. Algunos hablaban de «triángulos en posición de Tales» (una observación que no correspondía completamente al problema y que es una idea no tan abstracta como la de la semejanza). Otros daban explicaciones del tipo «haciendo cálculos se podría hallar», sin decir ni qué cálculos ni qué los justificaba. Llevar a clase varias respuestas de los alumnos (fotocopiándolas o escribiéndolas en la pizarra) puede resultar muy motivador y clarificador. Por otra parte, el análisis de las respuestas puede ayudar a introducir modificaciones adecuadas en la programación para continuar el trabajo.

3

Criterios con relación al «cuándo enseñar»

Como señalan varias teorías de la instrucción, la organización y la secuenciación adecuadas de los contenidos de enseñanza y aprendizaje resultan elementos de gran importancia para favorecer su aprendizaje por parte de los alumnos.

En el mismo sentido, determinadas secuencias y formas de presentación pueden facilitar la apropiación del contenido por parte de un número más amplio de alumnos y alumnas, con características y condiciones de partidas distintas en cuanto a su aprendizaje.

A pesar de que las tareas de secuenciación se consideran a menudo asociadas con procedimientos y técnicas de una gran complejidad, parece posible apuntar algunos principios muy sencillos al respecto que permiten, aunque sea de una manera parcial y limitada, aprovechar en la práctica habitual la potencialidad desde el punto de vista de la respuesta a la diversidad de los alumnos y las alumnas este componente de la planificación y el diseño de las situaciones de enseñanza y aprendizaje.

En este contexto, se presentan a continuación los siguientes criterios de adaptación del currículo desde la perspectiva de la respuesta a la diversidad del alumnado relativos al *cuándo enseñar*:

1. Emplear formas de presentación de los contenidos «en espiral», retomando los distintos aspectos tratados en varias ocasiones y según diferentes niveles de profundidad.
2. Incluir sistemáticamente en la secuencia y distribución de los contenidos, dentro de las unidades de programación, momentos de resumen y recapitulación de lo que se va trabajando.
3. Incluir sistemáticamente en la secuencia y distribución de los contenidos, dentro de las unidades de programación, momentos de puesta en relación y síntesis con los contenidos de otras unidades de programación previamente trabajadas.

Emplear formas de presentación de los contenidos «en espiral», retomando los distintos aspectos tratados en varias ocasiones y con diferentes niveles de profundidad

La propuesta de secuenciar los contenidos que hay que enseñar siguiendo un criterio de presentación «en espiral», que suponga retomar sucesivamente los distintos aspectos a unos niveles distintos de profundidad en cada ocasión, se puede considerar un principio común a diferentes teorías de la instrucción.

Así, por ejemplo, desde la teoría del aprendizaje significativo se plantea una serie de criterios de organización y secuenciación de los contenidos plenamente convergentes con esta propuesta:

1. Presentar inicialmente los contenidos más generales y que permitan establecer un máximo de relaciones posteriores con el resto de contenidos que hay que aprender, de la forma más sencilla posible y con los máximos ejemplos e ilustraciones concretas.
2. Ir introduciendo sucesivamente los contenidos más detallados y complejos.
3. Explicitar las relaciones que mantienen los nuevos contenidos entre sí y con los contenidos presentados inicialmente, de forma que se recupere el panorama de conjunto.

Algunos autores han comparado el tipo de presentación y secuenciación de los contenidos resultante con el trabajo de análisis de una escena que se puede llevar a cabo con un zoom: se puede empezar con un plano de conjunto lo más amplio posible, que permitirá identificar las partes fundamentales de la escena y sus relaciones básicas, aunque suponga perder un buen número de detalles debido a la misma amplitud del plano; después, se puede focalizar una parte determinada de la escena para observarla con mayor detalle y identificar sus elementos y las relaciones que no se habían podido ver en el plano inicial; a continuación, se puede recuperar el plano general para resituar la parte analizada y enriquecer la visión del conjunto... El proceso se puede ir repitiendo indefinidamente a través de las distintas partes de la escena y los distintos grados de aproximación que el zoom nos permita.

Este tipo de propuestas parten de la idea de que la mejor secuencia para aprender un contenido no es, necesariamente, la secuencia lógica formal del contenido tal como la conocen los especialistas y como se define desde el punto de vista de las disciplinas o materias. Más bien entienden que una cosa es la estructura formal de la disciplina, y otra la presentación psicológica ideal para aprenderla. Desde esta perspectiva, la secuencia de enseñanza debe tener en cuenta no únicamente la estructura interna de las disciplinas o materias, sino también las características de los alumnos y las alumnas concretos que deben aprenderlas. Eso es lo que transforma la tarea de secuenciación en algo fundamental para el éxito final del proceso de enseñanza y aprendizaje, y es también lo que justifica que estas tareas puedan ser relevantes desde el punto de vista de la adaptación del currículo y de la respuesta a la diversidad del alumnado.

En efecto, un tipo de secuencia «en espiral» como la que propone el criterio tiene, como mínimo, dos ventajas esenciales desde el punto de vista de la respuesta a la diversidad del alumnado. Por una parte, da la posibilidad de retomar de una forma sistemática los distintos contenidos que se vayan trabajando, lo cual supone que los alumnos y las alumnas con mayores dificultades para su adquisición los podrán trabajar nuevamente durante la actividad habitual de clase y tienen más tiempo y nuevas oportunidades para aprenderlos. Esto puede permitir evitar que aprendizajes iniciales mal resueltos bloqueen aprendizajes posteriores relacionados con ellos -algo muy habitual cuando se elige una forma de secuenciación de los contenidos en la cual se presentan una única vez y después ya se da por hecho que son conocidos, además de convertirlos en prerrequisitos para aprendizajes posteriores-. Por otra, este tipo de secuencia «en espiral» facilita que varios alumnos puedan trabajar simultáneamente cierto contenido en distintos niveles de profundización y estableciendo más o menos relaciones con otros contenidos. Esta posibilidad resulta especialmente importante para algunos de los recursos metodológicos a los que nos referiremos al hablar del cómo enseñar, y en general para cualquier organización didáctica que desee ser flexible y abierta en cuanto a las actividades y los recorridos que pueden seguir alumnas y alumnos distintos en el marco de un currículo básico común.

Hay que destacar que el criterio propuesto puede resultar útil para diseñar secuencias de enseñanza a distintos niveles, desde la ordenación global de contenidos de una etapa o un ciclo en conjunto hasta la planificación de una unidad de programación, tema o lección. En este sentido, y a pesar de que la secuenciación de contenidos es una tarea que afecta muy primordialmente a decisiones de centro que deben tomarse en el marco del equipo docente, es importante tener también en cuenta el criterio al planificar las unidades concretas de programación de un área en un nivel concreto con un grupo-clase específico. Eso da al criterio una operatividad mayor en cuanto a su aplicabilidad inmediata. De hecho, el resto de criterios que se indicarán con relación al cuándo enseñar, que apuntan muy directamente a la secuenciación concreta en el seno de las unidades de programación, temas o lecciones, se pueden considerar consecuencias o derivaciones específicas en este ámbito de este primer criterio más general.

Ejemplificación del criterio: área de ciencias experimentales

Se ejemplificará el criterio con una posible secuencia de presentación de los contenidos conceptuales vinculados a la noción de *materia* a lo largo de la ESO. El ejemplo se basa en el supuesto, vinculado al enunciado del criterio, de que, en cuanto a los contenidos conceptuales del área, en el primer ciclo de la etapa se introducen primordialmente los contenidos que requieren menor abstracción y se trabaja fundamentalmente la observación, manipulación, descripción e interpretación elemental de fenómenos, seres y objetos, mientras que en el segundo ciclo se introducen progresivamente contenidos más abstractos y se incorporan modelos interpretativos más sofisticados y elementos más potentes de análisis y cuantificación de datos.

De acuerdo con este supuesto, la secuencia en cuestión podría ser la siguiente:

1. En un primer módulo, centrado en nuestro planeta, se podría efectuar una primera aproximación al estudio de la materia como constituyente de todo: seres vivos y material inerte, y realizar una primera aproximación cualitativa a su composición.

2. En un segundo módulo, centrado en el estudio de los seres vivos, se podría recuperar la idea de composición universal de la material del módulo 1 y, a continuación, desarrollar la parte relacionada con los seres vivos.
3. En un tercer módulo, centrado en los cuerpos en movimiento, se podría hablar indirectamente de la masa, el volumen y la densidad como propiedades características de los materiales inertes, retomando así los contenidos del módulo 1 y ampliándolos.
4. En un cuarto módulo, centrado en el estudio de los minerales, se podría volver sobre la idea de *densidad* anterior y vincularla con la de *dilatación.* Ambos conceptos se relacionarían con el de *masa* y *volumen* del módulo 3 y con la estructura discreta de la materia del módulo 1, y se ampliarían introduciendo cualitativamente la relación calor-materia.
5. En un quinto módulo, centrado en el estudio de la atmósfera y la hidrosfera, se podrían recuperar las ideas sobre estructura de la materia del módulo 1 y ampliarlas con la disposición de las partículas como causantes de los distintos estados de agregación. Entonces se podría retomar la interacción calor-materia del módulo 4 y ampliarla con los cambios de estado y los conceptos cualitativos de *mezcla* y *sustancia pura.*
6. En un sexto módulo, centrado en las sustancias químicas, se podrían retomar los contenidos del módulo 5 y ampliarlos introduciendo la noción de elementos que forman los compuestos. Ello llevaría a ahondar en estudios cuantitativos y en la composición ultramicroscópica de la materia. Se podrían introducir los conceptos de *modelo* y *cambio químico.*
7. Un séptimo módulo, centrado en los ecosistemas, podría recoger la idea de cambio químico del módulo 6 y ampliarla como cambio de sustancias y mantenimiento de los elementos, y también como ejemplo de rotura y reestructuración de enlaces. Además, se podría recuperar como ejemplos de *cambio químico* los procesos biológicos –del módulo 2–, los geológicos –de los módulos 1 y 4– y los industriales –del módulo 6–.
8. El octavo módulo, centrado en la energía, permitiría retomar cuantitativamente el concepto de *energía calorífica* y su interacción con la materia –de los módulos 4 y 5–, junto con la idea conservativa de la energía en el ciclo del agua –del módulo 2–. Además, se podrían ampliar los contenidos del módulo 6 sobre reacciones nucleares con el concepto de *isótopo radioactivo,* con la idea de estabilidad/inestabilidad nucleares y con el aprovechamiento de la energía que se desprende en algunas reacciones exotérmicas.

Ejemplificación del criterio: área de lengua

Se ilustrará el criterio con algunos comentarios acerca de la idea de la presentación de distintos contenidos sobre las formas verbales.

El estudio en profundidad de las formas verbales incluye una serie de aspectos: su morfología (lexema, morfemas indicadores de número, persona, tiempo y modo...), las formas impersonales, la auxiliaridad, las perífrasis verbales, la conjugación regular e irregular, el sintagma verbal (sus formas y funciones), los complementos verbales... La ejemplificación del criterio que se propone parte del principio de que estos contenidos se pueden trabajar en el marco de un eje procedimental –la producción y comprensión de textos– y que da prioridad al uso de la lengua y su función de comunicación. En este sentido, se pretende que la reflexión sobre la lengua se lleve a cabo de una forma progresiva y vinculada a los aspectos comunicativos, y se propone que los contenidos de las formas verbales se trabajen en una secuencia dirigida por los usos comunicativos de la lengua y no por criterios estrictamente formales o gramaticales.

Esto supone introducir el estudio de las formas verbales sucesivamente y en grados de profundización distintos, vinculadas a los tipos de textos o situaciones de comunicación que se vayan trabajando y aprovechando la inmediatez práctica y la significatividad que dicha vinculación puede implicar.

Así, y de entrada, se podría presentar el concepto de *verbo* de una manera general, recogiendo las nociones que los alumnos y las alumnas tienen. A partir de aquí, se pueden analizar y estudiar las formas verbales y adquirir conciencia del uso que realizamos de ellas y del que debemos hacer, en los distintos tipos de textos y situaciones de comunicación. De este modo, algunos aspectos de estructura, concordancia... se podrán trabajar casi permanentemente, mientras que otros pueden estar vinculados específicamente en su aparición a un tipo de texto, como por ejemplo:

- En el texto conversacional: el morfema de persona y los pronombres personales.
- En el texto instructivo: la segunda persona, el modo imperativo y las perífrasis de obligación.
- En el texto descriptivo: los verbos imperfectivos (presente e imperfecto).
- En el texto narrativo: los verbos perfectivos (pasado lejano y reciente) y la relación entre tiempos verbales.
- En el texto predictivo: el futuro y las perífrasis de probabilidad.
- En el texto argumentativo: los verbos subjetivos, como *decir, creer, pensar, opinar...*
- Etcétera.

Este planteamiento permitirá retomar el mismo contenido sucesivamente y potenciar tanto su uso como el análisis y establecimiento de interrelaciones.

Ejemplificación del criterio: área de matemáticas

Se ilustrará el criterio con dos ejemplos sobre dos contenidos específicos: la resolución de ecuaciones y los aspectos de semejanza y proporcionalidad, ambos referidos a la ESO.

Debido a la dificultad del tratamiento de las ecuaciones no es conveniente presentar desde el primer momento todos los tipos de ecuaciones que se prevé que se van a trabajar a lo largo de la etapa. Será preciso empezar con ecuaciones sencillas, en las que los coeficientes que aparezcan sean números enteros. En este contexto, el trabajo con ecuaciones puede servir para consolidar la aritmética de los números enteros. Más adelante, en segundo de ESO, se pueden retomar las ecuaciones en un contexto de cálculo de áreas en el que resulta fácil identificar la incógnita con la magnitud de una figura. En tercero de ESO, y dentro del trabajo con funciones de primer grado, volveremos a encontrar las ecuaciones en un nuevo contexto y ya pueden aparecer coeficientes racionales y el uso del paréntesis –el trabajo con la calculadora, incluida la jerarquía de las operaciones, puede ayudar a entender esta cuestión–. Finalmente, en cuarto, se podrá plantear cualquier tipo de ecuación de primer grado, pero teniendo en cuenta, pensando en una parte del alumnado, que quizá será necesario insistir más en las más sencillas para ir consolidando los aprendizajes anteriores.

Por lo que respecta al segundo contenido, la representación de figuras a escala, o el trabajo con mapas, ya incluye numerosos aspectos relativos a la semejanza y la proporcionalidad. Se pueden trabajar en el primer ciclo de la ESO de forma intuitiva (al trabajar las escalas); se retomarán cuando se introduzca el concepto de *semejanza* en el trabajo geométrico, y volverán a aparecer al presentar las funciones de proporcionalidad, en la definición de las razones trigonométricas, etc.

Conviene que cada departamento de matemáticas analice los momentos del currículo en los que van apareciendo estas cuestiones y prevea actividades que puedan ayudar a actuar como puente entre las distintas presentaciones.

En general, los contenidos de matemáticas no se agotan con una sola presentación. Siempre es necesario volver sobre ellos porque la falta de uso de determinadas nociones, o los cambios de contexto en su uso son fuente de errores inesperados. Un ejemplo de ello es que cada vez que en un problema aparece la cuestión de dibujar las alturas de un triángulo siempre hay una parte del alumnado que volverá a confundir *altura* con *vertical*. Otro ejemplo puede ser la experiencia que muestra cómo muchos alumnos que en cierto momento parecía que habían alcanzado algunos procedimientos (por ejemplo, resolución de ecuaciones de primer grado) cometen en cursos posteriores errores en los que no caían anteriormente. La reacción del profesor o la profesora en estas situaciones puede provocar sentimientos negativos en la autoestima de los alumnos en relación con las matemáticas: a menudo la tendencia del profesorado es manifestar desánimo o enfadarse. Es preferible la actitud de «devolver el error» a los alumnos e intentar que se creen vínculos con la experiencia y los conocimientos anteriores.

Incluir sistemáticamente en la secuencia y distribución de los contenidos, dentro de las unidades de programación, momentos de resumen y recapitulación de lo que se va trabajando

La propuesta de incluir en la secuencia y distribución de los contenidos, dentro de la unidades de programación, momentos de resumen y recapitulación de lo que se va trabajando enlaza directamente con la idea expresada en el criterio anterior sobre la importancia, desde el punto de vista de la respuesta a la diversidad del alumnado, de retomar sistemáticamente los distintos contenidos, de manera que los alumnos con más dificultades para su adquisición los puedan volver a trabajar durante la actividad habitual de clase y tengan más tiempo y nuevas oportunidades para aprenderlos.

La formulación del criterio quiere destacar el carácter habitual e integrado en el proceso ordinario de la actividad de enseñanza y aprendizaje que pueden tener estos espacios de resumen y recapitulación. Se trata, por tanto, de incluirlos sistemáticamente en la organización de las unidades de programación, con lo que ello comporta de previsión del tiempo necesario y de planificar cómo se llevarán a cabo.

En este sentido, hay que destacar que el trabajo de resumen y recapitulación (es decir, el trabajo de revisión y repaso de los distintos elementos de contenido introducidos a lo largo de la unidad) se puede realizar de muchas maneras y no tiene por qué suponer una mera repetición mecánica e idéntica de la presentación inicial del contenido. Todo lo contrario, puede ser una ocasión para reelaborar y reconstruir el conocimiento, tan útil por lo que implica de dedicar más tiempo y práctica al contenido y volver a insistir en determinados puntos, como por lo que puede suponer de ofrecer nuevas vías y nuevas situaciones para que los alumnos puedan aproximarse a ellos de maneras que no sean las utilizadas inicialmente y puedan entender mejor lo que tienen que aprender.

Desde esta perspectiva, la utilización de herramientas e instrumentos específicos para este tipo de espacios (cuadros-resumen, figuras, gráficos, mapas conceptuales, tablas, lista de afirmaciones o ideas, esquemas, documentos de conclusiones...) y el trabajo también específico sobre su elaboración y utilización resulta de especial importancia. El uso de estos instrumentos y la realización adecuada de este tipo de trabajo (por ejemplo, variando el tipo y el grado de apoyo que ofrece el profesor o la profesora, y favoreciendo la autonomía progresiva del alumno en las tareas de resumen y recapitulación) puede, además, convertir estos espacios en oportunidades privilegiadas para trabajar aspectos, como determinadas técnicas de trabajo y estrategias de estudio, que a su vez se vinculan a cuestiones tan importantes desde la perspectiva global de la respuesta a la diversidad del alumnado como la autorregulación progresiva de los aprendizajes y la capacidad de las alumnas y los alumnos de aprender a aprender.

Ejemplificación del criterio: área de ciencias experimentales

En cualquier unidad de programación habría que reservar momentos para la revisión y el resumen de los contenidos trabajados. Supongamos que tenemos que impartir una unidad basada en las sustancias químicas, en la cual nos interesa ahondar en la estructura del átomo y en la distribución de la masa y la carga de las partículas subatómicas. Los momentos elegidos para la revisión y el resumen podrían ser previos y también posteriores a la impartición de los nuevos contenidos.

En los momentos previos se podrían revisar y resumir contenidos de unidades anteriores relacionados con la nueva unidad, como los que se refieren a los conceptos de *elemento, compuesto* y *mezcla*, a las propiedades del agua como disolvente, al tratamiento cuantitativo de las disoluciones, etc.

En los momentos posteriores habría que revisar y resumir los aspectos más destacados de los nuevos contenidos. Podría ser útil un tipo de resumen basado en tesis o ideas individuales, expresadas de la forma más clara y sintética, como:

- Que los átomos están formados por nucleones –en el centro– y electrones –alrededor–.

- Que cada tipo de átomo da lugar a un elemento químico distinto.
- Que en la naturaleza hay 94 elementos químicos.
- Que cuando los átomos se unen para formar moléculas lo hacen mediante enlaces químicos.

En estas pausas didácticas es fundamental dejar participar a los alumnos y darles un tiempo para que sedimenten y consoliden los conocimientos adquiridos.

Ejemplificación del criterio: área de lengua

Si se entiende que el aprendizaje de la lengua es la adquisición y el desarrollo de distintas estrategias necesarias para comunicarse, parece claro que en esta área la revisión y el vínculo con contenidos ya trabajados se realiza y debe realizarse permanentemente. No obstante, podríamos ejemplificar el criterio más concretamente centrándonos en un aspecto específico: la oración.

La producción de oraciones es una habilidad gramatical básica para los alumnos y las alumnas en el momento de elaborar textos. En la clase de lengua se producen oraciones de forma constante, lo cual permite pedir a los alumnos, como actividades previas o paralelas al trabajo textual, tareas como por ejemplo que amplíen sus oraciones insertando otros grupos sintácticos, que delimiten las oraciones utilizando los signos de puntuación, que enlacen oraciones independientes con las conjunciones de coordinación o subordinación, que revisen la concordancia, que imiten cierta estructura sintáctica, que completen o reordenen lo que han dicho...; en definitiva, que mejoren sus oraciones.

A medida que el trabajo en el área avanza, hay que vincular esta práctica a una teoría e ir proporcionando la terminología correspondiente. Esta reflexión sobre la lengua deberá ser progresiva, y requerirá momentos explícitos de resumen y revisión. Esto se puede concretar, por ejemplo, en espacios para que los alumnos y las alumnas puedan recoger, a partir de su propio uso, qué tipos de oraciones construyen y realizar su clasificación. La elaboración de un mapa conceptual o un esquema que incluya los distintos niveles de clasificación (simple-compuesta, coordinada-subordinada, sustantiva-adjetiva-adverbial, etc.), que recoja ejemplos de cada una, que indique los conectores o relacionantes que necesitan..., puede ayudar a tener una pauta global de resumen que revisará muchos contenidos que ya conocen y utilizan. Este trabajo se puede llevar a cabo en distintos grados de profundización en varios momentos, conectando así con el criterio anterior, y también puede favorecer que el alumnado evalúe de manera más autónoma su propia capacidad sintáctica y pueda autorregularla y mejorarla.

Ejemplificación del criterio: área de matemáticas

Se puede ejemplificar el criterio por medio de dos tipos concretos de actividad de revisión en clase de matemáticas: las puestas en común al servicio de la preparación de las pruebas de evaluación que se van realizando a lo largo del curso, y la elaboración de vocabularios de trabajo del área.

Las puestas en común parten de tareas que se proponen para que el alumnado las realice individualmente o en pequeños grupos, en las cuales tienen que redactar una relación de los contenidos trabajados y que creen que pueden ser objeto de la prueba. Cuando los alumnos y las alumnas tienen la lista preparada, la puesta en común propiamente dicha se dedica a recoger los resultados del trabajo de los distintos alumnos o grupos, elaborándolos en forma de relación o bien en forma de algún tipo de estructura o mapa conceptual que explicite las relaciones entre los distintos contenidos que aparecen. En matemáticas, algunos autores se refieren a este tipo de actividad como *institucionalización.* En efecto, después de haber trabajado una serie de cuestiones relacionadas con un tema, en este tipo de actividad la profesora o el profesor desarrolla explícitamente el papel de mediador entre el conocimiento *oficial* y el que se está trabajando en clase, dando así carácter *institucional* a este conocimiento. No se puede esperar que realicen solos este tipo de actividad: a partir de la mediación del profesorado podrán entender el papel de los conceptos y el trabajo realizado en el contexto de la clase en relación con la *cultura oficial.*

La actividad de confeccionar un vocabulario que incluya los temas que se utilizan en clase en una unidad determinada puede cumplir también funciones de revisión y resumen de los contenidos trabajados. En matemáticas es importante realizar esta actividad, con el factor añadido de que en muchos casos habrá que reseñar palabras que aparezcan aunque no han sido introducidas en relación con el tema de estudio. Esto permite enlazar también esta actividad con el criterio anterior (presentar los contenidos en espiral) y con el posterior (establecer relaciones con otras unidades).

Incluir sistemáticamente en la secuencia y distribución de los contenidos, dentro de las unidades de programación, momentos de puesta en relación y síntesis con los contenidos de otras unidades de programación previamente trabajadas

La necesidad de establecer de forma continua relaciones entre los distintos contenidos que se van presentando y trabajando durante el proceso de enseñanza y aprendizaje es un principio general que se vincula con la misma noción de *aprendizaje significativo.*

Esta necesidad se pone aún más de manifiesto al adoptar un tipo de secuencia en espiral de ordenación de los contenidos, como la que se propone en el primero de los criterios de este apartado, en la cual el trabajo a distintos niveles de profundidad y complejidad de los contenidos implica, de forma sistemática y reiterada, ubicar los nuevos conocimientos en el marco más amplio de lo que se ha trabajado previamente, y al mismo tiempo reelaborar lo que ya se conoce enriqueciéndolo con nuevos niveles de detalle y nuevas relaciones. En este sentido, incluir sistemáticamente en la secuencia y distribución de los contenidos dentro de las unidades de programación momentos de puesta en relación y síntesis con los contenidos de otras unidades de programación previamente trabajadas resulta imprescindible para que esta secuencia en espiral cumpla con éxito sus funciones.

Este criterio supone evitar la tendencia, muy habitual, a pensar que las relaciones entre distintos contenidos son evidentes por ellas mismas, y que los alumnos y las alumnas las pueden hallar casi inmediatamente, sin necesidad de que alguien se las explicite. Al contrario de esta idea, la observación y la experiencia habitual en las aulas muestra que relaciones y conexiones entre contenidos muy evidentes para el profesorado (o para un experto cualquiera en el ámbito del conocimiento) no lo son en absoluto para el alumnado, que problemas y situaciones que el profesor o la profesora conoce y considera análogos son vistos por alumnos y alumnas como muy distintos y que, inversamente, los alumnos encuentran analogías y semejanzas entre problemas y situaciones que profesores y expertos consideran claramente diferenciados. Esta dificultad para establecer relaciones puede aumentar, por otra parte, cuando la enseñanza tiende a parcelar y fragmentar el conocimiento entre áreas, materias y disciplinas, y entre temas y unidades de un mismo ámbito.

Así pues, es necesaria una intervención educativa explícita para romper esta tendencia y favorecer el establecimiento de relaciones lo más correctas y ricas posible, de forma que las alumnas y los alumnos no solamente puedan enriquecer y mejorar su conocimiento, sino también emplear de modo más efectivo lo que habían aprendido en ciertos momentos y contextos como ayuda para llevar a cabo los nuevos aprendizajes. Esta intervención resulta, además, especialmente necesaria para el alumnado con mayores dificultades de aprendizaje, porque acostumbra a presentar igualmente problemas especiales en este establecimiento de relaciones. Y puede resultar también particularmente importante para los que aprenden más fácilmente y se interesan más por el contenido, ya que puede abrirles nuevas vías para ampliar sus conocimientos y seguir profundizando.

La concreción de estos espacios puede efectuarse, como apuntábamos en el criterio anterior con relación a los momentos de revisión y recapitulación, de muchas maneras, y debe suponer necesariamente una reestructuración y una redefinición del conocimiento aprendido. En este sentido, los comentarios recogidos en aquel criterio sobre la importancia de determinados instrumentos didácticos y de una adecuada y variada intervención de apoyo por parte del profesorado son también plenamente pertinentes aquí. También lo son, en el mismo sentido, las referencias a la importancia de estos momentos como espacios relevantes para el trabajo con los alumnos y las alumnas de determinadas técnicas y estrategias de aprendizaje y pensamiento en la línea del desarrollo progresivo de la capacidad de aprender a aprender.

Ejemplificación del criterio: área de ciencias experimentales

Supongamos que programamos para el segundo ciclo de ESO una unidad basada en la energía, que pretende sistematizar su estudio y establecer el aprovechamiento tecnológico que la sociedad realiza de ella. Una parte de la programación podría destinarse a tratar ciertas relaciones entre este contenido y otros contenidos energéticos trabajados en unidades anteriores o bien utilizados en otras materias.

Así, por ejemplo, y en relación con los contenidos trabajados en el primer ciclo de la etapa, se podría relacionar la energía calorífica y su interacción con la materia para producir cambios de estado (tratados inicialmente en una unidad sobre estados de la materia) con la idea conservativa de la energía en el ciclo del agua y la formación del relieve (trabajada inicialmente en una unidad sobre los seres vivos). Igualmente, el flujo energético entre los seres vivos y su entorno (trabajado inicialmente en la unidad seres vivos) se podría relacionar con la temática de la energía implicada en las interacciones entre cuerpos (trabajada inicialmente en una unidad sobre movimientos) y de la energía de la Tierra (trabajada inicialmente en una unidad sobre minerales).

En cuanto a los contenidos de segundo ciclo, se podría relacionar la idea de intercambio energético entre un organismo y su entorno (trabajada inicialmente en la unidad sobre los seres vivos) con las transformaciones energéticas en el interior de los seres vivos (trabajadas inicialmente en una unidad sobre la célula). Las transformaciones químicas y nucleares (trabajadas inicialmente en una unidad sobre sustancias químicas) se podrían relacionar con la transformación concreta de la energía en los orgánulos celulares (trabajada inicialmente en una unidad sobre la célula) y con los flujos energéticos en los ecosistemas (trabajados inicialmente en una unidad sobre ecosistemas).

Esta interrelación entre contenidos facilitará al alumnado la elaboración de una red conceptual sobre la temática, que le permitirá dar significado a su aprendizaje.

Ejemplificación del criterio: área de lengua

La utilización de proyectos de trabajo puede ser una buena manera de poner en relación los contenidos trabajados en distintas unidades de programación en la clase de lengua.

Desde este punto de vista, se ejemplificará el criterio con un proyecto alrededor del montaje de un noticiario televisivo. Este proyecto permite activar y combinar habilidades y capacidades diversas, y distintos tipos de contenidos que se han podido trabajar por separado en momentos anteriores. La selección concreta puede ser distinta según el momento, los intereses y/o las necesidades del alumnado y el desarrollo del trabajo concreto que se haya llevado a cabo.

El trabajo puede empezarse con la lectura de algunos fragmentos del libro *Com es fa un telenotícies* (Alsius, 1987), que puede servir para realizar una aproximación al tema y como punto de partida para la planificación. A continuación, se puede empezar por las tareas de organización y planificación:

- Tareas generales que deben desarrollar todos los alumnos y las alumnas o bien repartidas en grupos pequeños: búsqueda de noticias, redacción, coordinación y organización del programa...
- Elección de las secciones con las que contará el programa.

El trabajo de las noticias propiamente dicho permitirá trabajar de forma interrelacionada contenidos como por ejemplo la búsqueda de información, la comprensión de textos de diversos tipos, las estrategias de resumen, la extracción de ideas centrales, la síntesis, la elaboración de textos escritos de distintos tipos...

Una vez seleccionadas y redactadas las noticias, se pueden incorporar nuevos aspectos para trabajar mediante varios recursos:

- Las imágenes gráficas (gráficos, esquemas, mapas, fotografías...) que deberán ser explicadas y descritas de forma adecuada.

- Las encuestas, entrevistas o ruedas de prensa, en las que es necesario anticipar la información que se quiere obtener, formular preguntas y responder a ellas...
- Fragmentos de conferencias y discursos en los que se pondrá el juego el trabajo sobre textos argumentativos y expositivos.
- Ampliación de datos mediante la crónica directa de corresponsales, que implicará la necesidad de conocer el lugar, describirlo y conocer la noticia al detalle.

También se puede completar el programa con secciones específicas que permitan incorporar otros contenidos: la previsión meteorológica (en la que intervienen las características del texto predictivo), la información deportiva (donde se pueden narrar acontecimientos en directo), la información viaria (en la que se pueden dar instrucciones y consejos), etc. Otro espacio que se podría añadir es el reportaje o el programa especial de tratamiento más profundo de una noticia o una temática, que permitiría introducir contenidos de carácter literario, científico..., que se pretendiera retomar y profundizar, o el debate sobre algún aspecto de la actualidad. La filmación de este programa informativo en su conjunto será un material audiovisual interesante, el visionado por parte de los alumnos y alumnas servirá como recordatorio de los contenidos trabajados, y será a su vez un instrumento muy útil de evaluación y autoevaluación, en general y para cada alumno.

En conjunto, la actividad supone un abanico muy amplio de posibilidades y de contenidos que se pueden introducir, y una gran flexibilidad en cuanto a la manera de interrelacionarlos. Hay que evitar dejar al margen un conjunto de contenidos actitudinales (trabajo cooperativo, participación, rigor y atención en el trabajo...) fundamentales en este tipo de actividades y que también pueden ponerse en relación entre ellos y con los restantes tipos de contenidos.

Ejemplificación del criterio: área de matemáticas

En la clase de matemáticas los contenidos suelen estar fuertemente interrelacionados, y en muchos casos vuelven a aparecer reiteradamente en unidades distintas. Lo que pasa con frecuencia es que los alumnos, todos o algunos, no establecen solos el puente entre lo nuevo y lo que ya se ha trabajado, de forma que la puesta en práctica de este criterio se vuelve especialmente relevante. Aquí es importante que las intervenciones del profesor o la profesora tengan un sentido positivo, tendiendo a situar al alumno o la alumna en los contextos en los que había trabajado el contenido que ahora vuelve a aparecer y que hay que recordar. La fórmula «esto ya lo trabajamos y lo hicimos así» parece, por esta razón, más adecuada que la mera insistencia en que «esto ya lo tendrías que saber». Hay que ser conscientes de que a menudo situaciones que el profesorado puede ver claramente como análogas no son identificadas como tales por los alumnos y las alumnas; y eso ocurre porque la comprensión suele estar vinculada a una notación, un contexto o un lenguaje que no aparece en la nueva situación. En consecuencia, es necesario explicitar las relaciones y los puntos de semejanza y de diferencia, y no esperar a que los alumnos lo hagan de forma independiente.

La realización de actividades de síntesis de carácter interdisciplinar proporciona un contexto privilegiado para la explicitación de estos puentes y relaciones. Por ejemplo, en el último curso de ESO se puede proponer una actividad de síntesis basada en una serie de tareas que giran alrededor del estudio de un mercado. Desde el área de matemáticas, por ejemplo, se pueden proponer tareas como la recogida de datos, el cálculo de medios e incremento de precios, el estudio de datos de funcionamiento, cuestiones sobre los planos, etc. Dado que el trabajo supera el área de matemáticas porque se inscribe en un contexto más amplio, cuestiones del área que se plantee serán quizá más sencillas que las que se trabajarían en clase de matemáticas propiamente dicha, pero se ven enriquecidas con el contexto de un trabajo de varias disciplinas.

Por otra parte, no existe ningún motivo que impida diseñar y desarrollar actividades de síntesis con una lógica parecida, pero vinculadas de forma más unívoca al área.

4

Criterios con relación al «cómo enseñar»

La importancia de los aspectos metodológicos y, en general, de las decisiones que se relacionan con el *cómo enseñar* para la respuesta a la diversidad del alumnado, puede entenderse con facilidad y no parece pedir una justificación más amplia. Se puede señalar, en todo caso, la gran variedad de aspectos y dimensiones que pueden incluirse bajo el epígrafe del *cómo enseñar,* desde la selección de los tipos de actividades y tareas para desarrollar hasta la organización general del espacio, el tiempo y la agrupación del alumnado, o desde las formas de intervención del profesorado y la relación que establece con los alumnos hasta la utilización de los recursos didácticos personales y materiales. En este sentido, los criterios que se proponen se presentan agrupados en cuatro apartados diferentes (criterios en cuanto a la selección y diseño de actividades y tareas, a las formas de intervención y seguimiento más inmediatos por parte del profesorado, a la dinámica y funcionamiento del grupo-clase, y a la organización y estructura del grupo-clase y el uso del espacio y del tiempo), más como forma de insistir en esta variedad que no con un afán de categorización exhaustiva o sistemática. Es necesario recordar también, en la línea de lo que se indicaba en la introducción, la necesidad de que las adaptaciones metodológicas, y en general todas las relativas al cómo enseñar, se consideren, planifiquen e inicien de una manera coherente con las decisiones que se adopten en el resto de componentes del currículo.

En este contexto, se presentan a continuación los siguientes criterios de adaptación del currículo desde la perspectiva de la respuesta a la diversidad de los alumnos relativos al cómo enseñar.

- Con respecto a la selección y diseño de actividades y tareas:
  - A1. Diversificar los tipos de actividades de enseñanza y aprendizaje que se utilizan habitualmente en el aula.
  - A2. Plantear tareas que puedan tener distintos niveles de resolución.
  - A3. Incluir en la programación habitual de las áreas actividades de refuerzo y de ampliación que puedan ser utilizadas en momentos y contextos diversos.

- A4. Programar secuencias de actividades que supongan modificaciones progresivas –de mayor a menor– en el grado de ayuda del profesorado al alumnado e inversamente, –de menor a mayor– en el grado de autonomía del alumnado en la resolución de las tareas.

. Con respecto a las formas de intervención y seguimiento más inmediatos por parte del profesorado:
  - B1. Diversificar, de modo sistemático y planificado, los tipos y grados de ayuda a los alumnos en el transcurso de una determinada actividad o tarea.
  - B2. Diversificar los lenguajes de apoyo para la presentación de información nueva al alumnado.
  - B3. Realizar un seguimiento y una valoración sistemáticos, con criterios lo más explícitos posible, del desarrollo de las actividades de enseñanza y aprendizaje.

. Con respecto a la dinámica y funcionamiento del grupo-clase:
  - C1. Construir un clima relacional en el aula que se base en la aceptación, la seguridad y la confianza mutuas entre profesorado y alumnado.
  - C2. Proponer tareas que puedan ser planificadas, desarrolladas y evaluadas de una manera relativamente autónoma por el alumnado.
  - C3. Ofrecer al alumnado la posibilidad de participar en el proceso de elección/selección de las actividades que se van a desarrollar.
  - C4. Emplear sistemáticamente estructuras de trabajo cooperativo en el aula.

. En cuanto a la organización y estructura del grupo-clase y el uso del espacio y del tiempo:
  - D1. Estructurar situaciones y formas de trabajo que posibiliten la confluencia simultánea de distintas tareas y ritmos de trabajo en un mismo momento.
  - D2. Diversificar las formas de organización y agrupamiento del alumnado.
  - D3. Diversificar las formas de estructuración y los usos del espacio y del tiempo en las situaciones de enseñanza y aprendizaje.

A1. Diversificar los tipos de actividades de enseñanza y aprendizaje que se utilizan habitualmente en el aula

Las actividades de enseñanza y aprendizaje que se utilizan en el aula constituyen las experiencias concretas mediante las cuales el alumnado se acerca a los contenidos escolares y extrae una determinada representación de los mismos. Por este motivo, reducir excesivamente los tipos de actividades que se realizan habitualmente en el aula, como sucede por ejemplo cuando se siguen de una manera reiterada y mecánica modelos de clase del tipo «explicación del profesorado en la pizarra, realización individual de ejercicios escritos por parte de los alumnos, nueva explicación, nuevos ejercicios...», supone empobrecer las posibilidades de aprendizaje de los alumnos y su relación con el contenido, y dificultar que aquéllos con menos interés o facilidad para implicarse en estos tipos restringidos de actividades puedan acceder a los aprendizajes de una manera adecuada.

En este sentido, la diversificación de los tipos de actividades de enseñanza y aprendizaje que se utilizan habitualmente en el aula se puede considerar un recurso muy potente de atención a la diversidad de los alumnos: a mayor variedad y diversidad de tipos de actividades, más posibilidades de que alumnos con condiciones y características diferentes encuentren, por lo menos en algunos casos, maneras que les resulten convenientes de acercarse a los contenidos que deben ser aprendidos.

Esta diversificación puede emplearse tanto en el interior de cada unidad de programación como entre unidades de programación diferentes. El contenido concreto que quiera enseñarse, la orientación prioritaria de este contenido –conceptual, procedimental, actitudinal–, la situación de partida de las alumnas y los alumnos –conocimientos previos, grado de interés y motivación...– y los objetivos específicos que se quieran alcanzar serán entre otros, factores que intervendrán en la elección y organización del tipo de actividades en cada caso concreto, de entre el abanico de posibilidades disponibles.

Ejemplificación del criterio: área de ciencias experimentales

En el área de ciencias experimentales se puede escoger entre una importante variedad de actividades. A continuación, se hace referencia a algunas de ellas, sin pretensión de exhaustividad.

1. Actividades para explorar los conocimientos previos

Hay diferentes tipos de actividades que permiten explorar los conocimientos previos de los alumnos. Entre las más habituales, podemos encontrar las siguientes:

- Los coloquios, con toda la clase o en pequeños grupos.
- La lluvia de ideas, que permite obtener una gran cantidad de información en poco tiempo.
- Los pósters, que permiten comparar si mantienen las mismas concepciones o han cambiado, se pueden realizar en grupos pequeños.
- Los mapas conceptuales.
- Los cuestionarios, en sus diferentes modalidades (elección múltiple, emparejamiento, verdadero o falso...).
- Las situaciones de resolución de problemas.

2. Actividades relacionadas con la recogida, intercambio y exposición de información

Entre las actividades de recogida de información se incluyen lecturas (de contenido puramente científico y tecnológico, de historia de la ciencia, de ciencia ficción..., explicaciones del profesorado, encuestas, investigación bibliográfica, búsquedas del significado de vocabulario científico, investigaciones audiovisuales o de cualquier otro tipo procedentes de las diferentes fuentes posibles. Estas actividades han de adecuarse al nivel de los alumnos y hay que limitar su extensión.

Actualmente las tecnologías de la información y la comunicación (TIC) estan facilitando la búsqueda de información al alumnado, pero estas tecnologías no deberían suplir a otras formas clásicas, pero fundamentales, de recogida de información. En ciencias, por ejemplo, no deberíamos renunciar a la observación directa de los fenómenos naturales.

Las actividades de intercambio de información incluyen los debates, los juegos de rol, las discusiones, las actividades de crítica o análisis de argumentos, las lluvias de ideas y las dramatizaciones, etc.

Las actividades de tratamiento y presentación de la información se relacionan con la comunicación de documentos y resultados después de un proceso de trabajo y elaboración. Se pueden seleccionar y relacionar conceptos-clave (con la ayuda, por ejemplo, de mapas conceptuales o la V de Gowin), responder cuestiones, hacer ejercicios, resolver problemas, redactar estudios monográficos, confeccionar murales, presentar mesas de datos, elaborar y explicar diagramas, esquemas, resúmenes, informes, etc. En este punto las TIC son de gran ayuda –presentaciones audiovisuales o PowerPoint...– pero no debemos dejar que la «forma» de la presentación oculte el «fondo», las conclusioens básicas que se deben presentar.

3. Actividades relacionadas con trabajos prácticos de laboratorio

Son actividades que pretenden familiarizar al alumnado con fenómenos naturales y acercarlos al trabajo científico. En estas actividades, los alumnos tratan un *problema* mediante cierto *método* o *técnica*, y, al acabar, proporcionan una *respuesta*. Según la tipología del problema planteado se las puede dividir en tres grandes grupos, teniendo en cuenta, eso sí, que una determinada actividad real puede reunir características de más de uno de estos grupos, y que un mismo trabajo puede ser planteado de manera que se centre fundamentalmente en un aspecto o en otro:

- Actividades para mostrar fenómenos y leyes científicas: se centran preferentemente en los contenidos conceptuales, y permiten al alumnado ver los conceptos en acción. Se pueden diferenciar las experiencias y los experimentos ilustrativos. Las experiencias permiten vivir determinados fenómenos: los cambios de color de una reacción química, el olor de los productos, el crecimiento de vegetales o cristales, la observación de los organismos vivos, la formación de imágenes en espejos o lentes, el efecto del calor sobre las sustancias... Por su parte, los experimentos ilustrativos presentan una mayor duración y complejidad que las experiencias, y permiten ejemplificar principios, leyes y teorías: la comprobación de la ley de Hooke, el estudio de la dependencia entre la presión y el volumen de un gas o entre la intensidad de corriente y diferencia de potencial, etc.
- Actividades para la adquisición de habilidades prácticas: se refieren preferentemente a los contenidos procedimentales, y adoptan la forma de ejercicios prácticos con la finalidad de desarrollar habilidades de utilización del instrumental científico, de manipulación de aparatos y productos, de registro y repetición de medidas, de interpretación de las instrucciones de uso de aparatos... Serían ejemplos las prácticas de recogida de medidas de masas y volúmenes, de temperaturas, de manipulación de un mechero de Bunsen o un microscopio, de preparación de destilaciones o disoluciones, de montaje de circuitos, etcétera.

- Actividades para resolver problemas mediante la investigación: tienen como finalidad estimular la curiosidad natural de los alumnos y encaminarlos a trabajar como si fueran científicos o tecnólogos en la resolución de un problema. Se puede diferenciar entre investigaciones teóricas y prácticas. Las primeras se dirigen a resolver problemas teóricos (como por ejemplo encontrar la relación entre la cantidad de carga eléctrica y la cantidad de materia descompuesta en una electrólisis) o a contrastar hipótesis establecidas por el alumnado o el profesorado para la interpretación de fenómenos (por ejemplo, diseñar un experimento que demuestre que el oxígeno es necesario en las combustiones). Las segundas remiten a la solución de problemas prácticos (por ejemplo, qué material abriga más de un conjunto de tejidos, qué marca de pañuelos de papel empapa más, etc.).

Estos trabajos de laboratorio pueden tener diferentes niveles de indagación, según lo que se pida al alumnado. Se pueden distinguir cuatro:

- *Nivel 0.* Se facilita a los alumnos la pregunta y el método, y se explican los resultados que hay que obtener. Son las típicas prácticas de verificación y comprobación para conocer técnicas y desarrollar habilidades: manejo de la lupa, preparación de soluciones, utilización de reactivos para reconocer sustancias... En ocasiones todas las actuaciones que debe hacer el alumnado se presentan mediante viñetas.
- *Nivel 1.* Búsqueda de los resultados una vez definido el problema y el método. Prácticas clásicas, como la formación de un precipitado, la sintetización de un compuesto, el estudio del movimiento, la determinación del punto de fusión de un sólido... Aquí el alumnado centra su actividad en el análisis de la validez de sus resultados.
- *Nivel 2.* Búsqueda del método y los resultados de un problema previamente planteado. En este caso, el alumnado selecciona el material y planifica el experimento. Ejemplos de ello pueden ser: escoger el detergente que más limpia, descifrar la composición del suelo del huerto escolar, determinar los hábitos de algunos insectos comunes... El alumnado únicamente dispone de un guión abierto que complementa con el procedimiento que elige.
- *Nivel 3.* Búsqueda del problema, método y resultados. Se proporciona el área de investigación y el alumnado determina el problema que hay que investigar, formula una hipótesis evaluable, identifica las variables, define el procedimiento y planifica el diseño; al acabar, formula una respuesta. El profesorado puede guiar la búsqueda corrigiendo el plan de trabajo, pero es posible que desconozcamos el resultado de la investigación. Este nivel es propio de trabajos de investigación y se asemeja a la praxis cotidiana del científico en una universidad o centro de investigación.

4. Salidas

Se incluyen tanto las excursiones (desde los paseos cercanos hasta las salidas de un día o más, a lugares de interés natural) como las visitas a museos, zoológicos, planetarios, jardines botánicos, centros de investigación, asociaciones científicas, instalaciones industriales... Pueden prepararse mapas y guiones previos, especificar tareas de campo, pedir informes , libretas de campo o cuestionarios de análisis...

5. Otras actividades

Algunos ejemplos son las exposiciones didácticas, el cultivo del huerto, el trabajo en la estación meteorológica, la construcción de mecanismos que ilustren conceptos científicos, el diario científico, la creación de divulgaciones o novela científica, el museo escolar..., entre otros.

Ejemplificación del criterio: área de lengua

Se ejemplificará el criterio mediante la presentación de diferentes tipos de actividades que se pueden utilizar en una unidad de programación sobre la narración en primer ciclo de ESO. El objetivo global de la unidad es que los alumnos reconozcan este tipo de texto y sepan crear uno igual. Entre las actividades que utilizaremos se pueden plantear las siguientes:

1. Actividades previas con la finalidad de saber los conocimientos que tienen los alumnos y las alumnas:
   - Formular preguntas orales o escritas sobre la narración.
   - Recoger las ideas que han surgido y plasmarlas en un cartel que será colgado en clase.
   - Ejercicio práctico y análisis posterior.
   - Lluvia de ideas.
2. Actividades de presentación:
   - Dar modelos escritos de textos narrativos.
   - Leer algunos textos narrativos seleccionados.
   - Partir de una historia en imágenes y narrarla colectivamente.
   - Proyectar un vídeo sobre un hecho histórico y elaborar después su narración.
   - Lectura de noticias del diario.
3. Actividades de análisis (trabajo conceptual):
   - Análisis de los rasgos característicos de una narración a partir de los modelos: personajes, espacio, tema...
   - Análisis de la estructuración: presentación, nudo y desenlace.
   - Elaborar una ficha o pauta con todos estos rasgos.
   - Explicación del profesorado.
   - Clasificación de los modelos según el tipo de narración: noticia, cuento, historia, ciencia ficción...
   - Buscar información individualmente.
   - Elaboración de resúmenes, esquemas, mapas conceptuales...
   - Análisis de los recursos y estructuras lingüísticas características de la narración, a partir de la observación de los modelos.
4. Actividades de morfosintaxis (trabajo temático):
   - Diferentes tipos de ejercicios: subrayar, rellenar espacios vacíos, producir frases...; con la finalidad de enriquecer el vocabulario y utilizarlo correc-

tamente en el texto narrativo: la adjetivación para la caracterización de personajes y la descripción de los lugares, los tiempos perfectivos (pasado lejano y pasado reciente), adverbios de tiempo, conectores temporales, conjunciones, locuciones...

5. Actividades de planificación:
   - Decisión del tipo de texto narrativo que se va a crear.
   - Elaboración de una lista de palabras a nivel colectivo y escoger algunas.
   - Redacción de un esbozo del argumento.

   Si se plantea individualmente, cada alumno o alumna realizará su planificación: elección de personajes, hechos que suceden... Se puede realizar ejercicios de este tipo: ordenación de los hechos, generar ideas, resolver situaciones..., con la finalidad de ayudarlos a encontrar ideas.
6. Actividades de creación:
   - Todo el mundo escribe individualmente su narración a partir de la planificación propia o colectiva.
7. Actividades de revisión:
   - Ficha o pauta autoevaluativa sobre la estructura narrativa, coherencia interna del texto...
   - Releerlo y revisarlo ortográficamente.
   - Reescribir el texto y mejorarlo globalmente.
   - Leerlo en pequeños grupos, realizar la crítica del texto y escoger una con la finalidad de escoger un texto del grupo-clase y mejorarlo entre todos.
8. Actividades de comunicación:
   - Leer los textos de los compañeros y las compañeras.
   - Grabarlos para analizarlos.
   - Realizar una tertulia sobre los textos redactados.
   - Seleccionar algunos para una revista.
   - Dramatizar alguno de los textos.

Ejemplificación del criterio: área de matemáticas

Para ejemplificar el criterio se reseñará brevemente, sin pretensiones de ser exhaustivos, diversos tipos de actividades que pueden resultar de interés en la clase de matemáticas en diferentes momentos y ocasiones:

- La explicación por parte del profesorado: puede combinar estrategias *deductivas* –introducción de un concepto y ejemplificación posterior– e *inductivas* –presentación de ejemplos para extraer posteriormente el concepto–.
- Trabajo de *matematización*: partiendo de una situación-problema dado, extraer de él las variantes cuantitativas significativas, nombrarlas y escribir las relaciones adecuadas.
- Ejercitación de algoritmos y rutinas básicas.
- Resolución de problemas: a diferencia de los ejercicios, los problemas son tareas a través de las que el alumnado puede entender globalmente el propósito y los términos, pero que no sabe, en principio, cómo abordar; la re-

solución de problemas puede considerarse tanto un objetivo general del área de matemáticas como un instrumento metodológico importante.

- Trabajo de investigación: puede considerarse como una extensión de la resolución de problemas, por ejemplo cuando un problema lleva al alumnado a plantearse nuevas preguntas, como por ejemplo si se puede generalizar un resultado a otros tipos de números o figuras o cuáles de las condiciones iniciales del problema son más cruciales para poder cambiar la estrategia de la resolución.
- Trabajo práctico con instrumentos de medida y dibujo.
- Utilización de recursos tecnológicos –calculadora, ordenador, medios audiovisuales...– con diferentes finalidades y en diferentes situaciones.
- Uso de materiales y realización de actividades de manipulación que permitan la construcción de modelos matemáticos materiales –modelos geométricos, unidades de medida, figuras y tramas en el espacio, simetrías, fenómenos aleatorios...–.
- Búsqueda de información y comprensión de textos matemáticos.
- Análisis de las producciones del propio alumnado: revisión de textos escritos o de argumentaciones y explicaciones orales, reflexión conjunta sobre los errores que se hayan cometido en la resolución de un ejercicio o problema...
- Debate y trabajo en grupo; resulta importante, entre otros aspectos, por lo que supone el tener que dialogar con otros sobre conceptos matemáticos y por los aspectos actitudinales sobre el contenido que se pueden trabajar.
- Actividades interdisciplinarias y de interrelación con otras áreas: interpretación de gráficos, estadísticas y diagramas; gráficos, mapas y planos; medida, cálculo, composición gráfica, realización de proyectos técnicos...

A2. Plantear tareas que puedan tener distintos niveles de resolución

El planteamiento de tareas muy cerradas y que sólo se puedan realizar de una única manera dificulta que alumnos y alumnas con capacidades, conocimientos previos y grados de interés y motivación diferentes participen adecuadamente en su resolución. En cambio, la propuesta de tareas de tipo abierto, que admiten diferentes niveles posibles de resolución, puede permitir que diferentes alumnos participen simultáneamente de la misma actividad, a pesar de que puedan tener puntos de partida diversos ante el contenido del que se trata.

Pongamos un ejemplo: una cosa es practicar el uso de los pronombres mediante un ejercicio que suponga completar frases, y otra es hacerlo mediante la preparación de un texto breve, sobre un tema dado, en el que se deban utilizar obligatoriamente ciertas formas pronominales un cierto número de veces. En el primer caso, los alumnos sólo pueden completar bien o mal las frases; en el segundo pueden decidir hasta cierto punto qué formas utilizan, en qué contexto, con qué grado de dificultad... y además pueden desarrollar más o menos, según el interés y la disposición que tengan, los otros aspectos del texto.

La propuesta de actividades abiertas y con diversos niveles posibles de resolución puede tener, además, dos ventajas más desde el punto de vista de la atención a la diversidad del alumnado. La primera es que, muy a menudo, se pueden plantear de una manera relativamente sencilla como situaciones-problema que suscitan retos al alumnado, que conectan con sus intereses y motivaciones, y a las que pueden encontrar un sentido. La segunda es que, por su propia naturaleza, ofrecen con más facilidad al profesorado la oportunidad de observar el proceso de resolución que utiliza el alumnado y de ofrecer tipos y grados de ayuda en cada caso: pedir que se profundice, dar pistas, plantear preguntas, recuperar información importante que los alumnos parece que no dominan... Ambas características facilitan el trabajar en grupos de alumnos heterogéneos sin renunciar a un cierto nivel común y, al mismo tiempo, dando oportunidades específicas a los diferentes alumnos.

Ejemplificación del criterio: área de ciencias experimentales

Un buen ejemplo del criterio en el área de ciencias experimentales lo ofrecen aquellos tipos de trabajos prácticos de laboratorio en los que el alumnado ha de buscar el método para resolver un determinado problema, además de buscar el resultado del mismo. Para hacerlo, tienen que seleccionar el material que debe ser utilizado y planificar los experimentos.

Para este tipo de investigaciones para alumnado de secundaria puede servirnos de ejemplo determinar qué papel de cocina absorbe mejor o cuál es el mejor detergente, investigar la contaminación de algún estanque cercano, demostrar que la luz es indispensable para las plantas, calcular la densidad de un trozo de madera o del alcohol o la temperatura a la que hierve el agua, buscar la relación entre la presión y el volumen de un gas, obtener sustancias puras a partir de mezclas, averiguar la composición del suelo del huerto escolar o los hábitos de determinados insectos comunes...

La realización de estas investigaciones puede contar con material de apoyo, preparado por el profesorado, que suponga diferentes grados de ayuda para el alumnado y que pueda ser utilizado en cada caso según las dificultades con las que se vayan encontrando o las nuevas cuestiones que vayan apareciendo. Disponer de textos-guía para momentos o aspectos concretos de la búsqueda, tener ejemplos o modelos de informe final de la práctica, presentar normas o procedimientos concretos del uso de algunos materiales, fuentes de información adicional..., pueden ser algunos ejemplos.

Una ejemplificación más «cerrada» del criterio, todavía en el ámbito de los trabajos prácticos, puede ser la propuesta al alumnado de trabajos diversos sobre el mismo contenido-base, con diferente complejidad por lo que se refiere a aspectos como el nombre de reactivos, herramientas y aparatos necesarios, el conocimiento previo de conceptos y procedimientos de trabajo, la peligrosidad de la técnica o los productos utilizados, el tiempo necesario para su realización, etc.

Así, por ejemplo, en una unidad de programación en la que se pretenda explicar la noción de *mezcla*, para después diferenciarla de la de *reacción química*, se podrían plantear tres trabajos prácticos:

1. La fabricación de un champú infantil, un trabajo que puede comportar unos 20 minutos y que se hace con cierta facilidad. Se utilizan únicamente pro-

ductos que se miden con probeta y se mezclan con una varilla, lo que, en teoría, no comporta peligro.

2. La fabricación de una pasta dentífrica. Es algo más complejo que el trabajo anterior. Han de mezclarse más productos y algunos deben pesarse antes. La duración es de unos 30 minutos y hay que vigilar que el alumnado no se queme al calentar la mezcla.
3. La fabricación de una crema de belleza. Es más compleja que las experiencias anteriores porque, por una parte, hay que medir con exactitud las cantidades que se mezclan y, por otra parte, hay que utilizar diferentes instrumentos de medida. Puede ser más peligrosa que las anteriores -especialmente si deciden probarla- y también más larga, unos 45 minutos.

Los diferentes trabajos pueden plantearse al alumnado como alternativos (se asigna un trabajo concreto a determinados alumnos) o como trabajo para resolver sucesivamente de una manera escalonada, donde cada uno alcanza la complicación que puede. Esto puede hacerse de una manera puntual en cada unidad específica o puede incorporarse como norma habitual de trabajo, por ejemplo repartir a los alumnos, en las unidades que se crea conveniente, *dossieres de prácticas* estructurados según esta lógica de aumento de la complejidad.

Ejemplificación del criterio: área de lengua

Puede ejemplificarse el criterio mediante una actividad de comentario de texto. En concreto, consideremos un comentario de un texto literario con alumnos de primer ciclo de ESO, a los que ya se les ha presentado la técnica del comentario y que han realizado unos primeros ejercicios prácticos.

En primer lugar, se proponen aquellas actividades colectivas que se crean necesarias: lectura del texto, contextualización dentro de la obra, dentro de la época y dentro de la corriente literaria, acercamiento al autor o autora... Después se pide que el alumnado haga su comentario individualmente. Según su capacidad de comprensión, observación, de interpretación, de relación, de los conocimientos que posea..., alcanzará un nivel diferente de profundización.

Un nivel de profundización elevado en el comentario de un texto puede incluir los elementos siguientes:

- Situación del texto dentro de la obra, dentro del autor o autora, la corriente literaria, la época.
- Características del autor o autora y de la corriente literaria presentes en el texto.
- Estructura formal del texto, género, técnica narrativa y rasgos que la caracterizan.
- Tema central y posibles subtemas.
- Argumento.
- Personajes y análisis.
- Análisis de la forma: recursos expresivos, figuras literarias, tipos de sintaxis, estilo...
- Intención del autor o autora.

- Opinión personal.
- Elaboración de un texto que recoja, de forma breve, las conclusiones del comentario.

Un nivel de profundización más elemental puede incluir:
- Información sobre el autor o autora y su obra.
- Tema y argumento básico.
- Algunos aspectos de la estructura del texto.
- Algunos aspectos del tipo de lenguaje y análisis de algún recurso expresivo concreto del texto.
- Opinión personal.

Podría disponerse también de diferentes tipos de informaciones, pistas, ayudas..., con la finalidad de ofrecer al alumnado, en caso de que fuera necesario, fuentes concretas de información sobre el autor o autora y su contexto, una lista de temas que puede tratar el texto para escoger y justificar el que cree que realmente trata, fragmentos seleccionados del texto para comentar algunos aspectos formales, pautas para la opinión personal, etc.

Ejemplificación del criterio: área de matemáticas

Puede ejemplificarse el criterio con el trabajo con triángulos dentro de los contenidos de trigonometría en segundo ciclo de ESO. El ejemplo tiene la peculiaridad de mostrar cómo una tarea que habitualmente se trata como cerrada puede contener, según el tratamiento que se haga, un cierto grado de apertura.

El problema consiste en la determinación de algunos elementos de un triángulo rectángulo a partir de otros que se conocen. El procedimiento habitual de resolución se basa en el uso de las razones trigonométricas. Algunos alumnos, sin embargo, pueden tener muchas dificultades para utilizar estas razones a la hora de plantear las ecuaciones que permiten resolver el problema. Es posible, en cambio, que les sea más clarificador el procedimiento de hacer un dibujo a escala del triángulo a partir de los datos conocidos para medir, entonces, los elementos desconocidos. La valoración positiva de este procedimiento puede permitir el trabajar simultáneamente a diferentes niveles con diversos alumnos, incluso en una tarea inicialmente cerrada como la que se ha considerado.

A3. Incluir en la programación habitual de las áreas actividades de refuerzo y de ampliación que puedan ser utilizadas en momentos y contextos diversos

La propuesta de actividades de refuerzo para algunos alumnos que puedan presentar problemas en el aprendizaje de ciertos contenidos, y de actividades de ampliación o profundización para otros que superen con facilidad un cierto nivel de dominio de los contenidos, es –y debe ser– un recurso habitual del profesorado en la gestión de los procesos de enseñanza y aprendizaje en grupos heterogéneos de alumnos. Si en el caso del criterio anterior la atención a la diversidad pasaba por diferentes niveles posibles de ejecución de una misma tarea, en este caso esta atención se apoya sobre los diferentes niveles y tipos de dificultad que representan tareas diversas alrededor de un mismo contenido.

El criterio pretende resaltar dos cuestiones con relación a la propuesta de tareas de refuerzo y de ampliación. Por un lado, quiere insistir en la necesidad de que ambos tipos de tareas se programen de una manera habitual en cualquier unidad de programación. Desde este punto de vista, la preparación y previsión de este tipo de tareas no debería ser algo excepcional que se utiliza en ocasiones muy puntuales, sino una parte intrínseca en el diseño de cualquier unidad de programación. Esto no significa que necesariamente deban utilizarse siempre todas las actividades de refuerzo y ampliación que haya previstas, pero sí que implica disponer siempre de un banco de actividades suficiente para poder atender los diferentes niveles de ejecución que pueda mostrar el alumnado. En definitiva, se trata de intentar evitar el tener que improvisar en el último momento alguna actividad para algunos alumnos porque han realizado más rápido de lo previsto las actividades-base de la unidad, o porque han encontrado más problemas de comprensión de los previstos inicialmente.

Por otro lado, el criterio pone énfasis en el hecho de que estas actividades estén diseñadas para poderlas utilizar en diferentes momentos del proceso de enseñanza y aprendizaje –antes de comenzar la unidad propiamente dicha, en algunos casos; durante la unidad, en otros; después de la unidad, incluso en otros–, y en diferentes contextos –dentro del aula ordinaria, en grupos de refuerzo más reducidos...–. Se trata, en definitiva, de que este tipo de actividades puedan pasar a ser una parte habitual del proceso de clase, en un contexto de utilización flexible de acuerdo con la propia respuesta de los alumnos y su evolución.

Finalmente, debe señalarse la necesidad de que tanto las actividades de refuerzo como las de ampliación supongan variaciones cualitativas y no simplemente cuantitativas en la ayuda que recibe el alumnado. Esto supone, por ejemplo en el caso de las actividades de refuerzo, que probablemente no bastará con proponer un número mayor de actividades y tareas idénticas a las que el alumnado ya ha realizado, sino que será necesario introducir las modificaciones pertinentes, ya sea en la complejidad del enunciado y planteamiento de las tareas, ya sea en el apoyo que ofrece el profesorado con el fin de ayudar a resolverlos, ya sea en el tipo de material al alcance del alumnado, ya sea en el tipo y grado de exigencia en la resolución..., de manera que las nuevas actividades supongan realmente más posibilidades de aprendizaje por parte del alumnado. De igual manera, las actividades de ampliación deberían plantear auténticamente nuevos retos a los alumnos que las realicen, y darles la posibilidad de mejorar la calidad de los aprendizajes realizados.

Ejemplificación del criterio: área de ciencias experimentales

Se presentarán dos ejemplificaciones diferentes del criterio anterior.

La primera se refiere a una posible unidad de programación sobre las fuerzas, uno de cuyos objetivos es que el alumnado utilice correctamente las magnitudes vectoriales. Partiremos del supuesto de que algunos dominan la representación y suma de vectores y que otros tienen dificultades.

Para los alumnos que tienen dificultades ha de preverse materiales de refuerzo con sumas vectoriales en la misma dirección con sentidos diferentes, representaciones gráficas asociadas a los puntos cardinales, dibujos a escala en donde los vectores suma se puedan medir directamente, utilización de la goma para «borrar» los que ya han sido sumados, trabajos prácticos con dinamómetros y chinchetas para compararlos con los resultados gráficos, etc.

El alumnado que ya conozca estas representaciones puede trabajar con actividades de ampliación, como por ejemplo hacer cambios de unidades (de newtons a pondios), calcular el módulo de la suma de vectores y direcciones perpendiculares mediante el teorema de Pitágoras y comprobarlo mediante un trabajo práctico, etc.

La segunda ejemplificación del criterio hace referencia a la dificultad de la distinción entre masa y densidad. Supongamos que después de haber impartido una unidad relacionada con estos conceptos, queremos relacionar el porcentaje en peso, la concentración en g/l y la densidad planteando problemas como:

> Teniendo una disolución con una riqueza del 10% y una densidad de 1,3 g/cm^3, encontrar su concentración expresada en g/l. (R: 130 g/l)
>
> Fuente: Oñorbe, 1993.

Para que las alumnas y los alumnos los puedan abordar con método recordemos que hay que diferenciar los datos explícitos de los implícitos, y los resultados parciales de los finales. A pesar de esto, sabemos que algunos de ellos no los pueden resolver y necesitarán refuerzo. Una manera de hacerlo es analizar el grado de dificultad del problema teniendo en cuenta las carencias habituales de los alumnos. Nos damos cuenta de que los problemas se pueden encontrar en la falta de comprensión del enunciado, en el número de conocimientos previos que se necesitan, en el número de pasos intermedios que comportan, y en la manera en la que se encadenan dichos pasos. Para ello proponemos problemas más sencillos que tengan los pasos de forma separada:

> 1. Para el porcentaje en peso: «En 520 g de vino hay 50 g de alcohol. ¿Qué porcentaje en peso de alcohol hay en la mezcla? (R: 9,6%)».
> 2. Para la densidad: «Al medir la masa de 300 cm^3 de un líquido se obtiene 342,3 g. ¿Cuál es el valor de la densidad? (R: 1,14 g/cm^3)».
> 3. Para el concepto de *concentración* en g/l: «En 3 litros de disolución hay 100 g de una sal. ¿Cuál es la concentración en g/l -gramos de soluto/litro de disolución-? (R: 33,3 g/l)».

Una vez resueltos estos problemas simples pueden proponerse otros con algún paso intermedio. Por ejemplo:

> Para el porcentaje en peso y la densidad: «El agua de mar tiene una densidad de 1,025 g/cm^3 y una riqueza en sal del 2,5%. Calcula los metros cúbicos de agua de mar necesarios para obtener una tonelada de sal. (R: 39 m^3)».

Después de hacer este tipo de problemas con grados de dificultad encadenados, los alumnos estarán en mejores condiciones para poder abordar el problema inicial.

Ejemplificación del criterio: área de lengua

Se ejemplificará el criterio con relación a uno de los contenidos que se trabaja habitualmente en primer ciclo de ESO: los pronombres personales.

La utilización correcta de los pronombres presenta ciertas dificultades para muchos alumnos. Entonces, puede ser necesario disponer de actividades propias que ayuden al alumnado, y en particular a aquéllos que tengan más dificultades, a estructurar la información básica:

- Presentación de los pronombres de una manera contextualizada, en un diálogo: una pareja de alumnos pueden verbalizar el diálogo y otros tomar nota de los pronombres que oigan.
- Explicación del concepto de *pronombre*.
- Ejercicios orales por parejas donde se ponga en práctica la sustitución de nombres por pronombres en determinadas frases; los ejercicios pueden ser observados por el profesorado.
- Cuadro-resumen y clasificación de los pronombres que conozcan los alumnos.

Con estas actividades se mostrarán a los alumnos los pronombres que utilizan en su habla habitual, y se puede graduar la dificultad de los ejercicios y adaptarlos de acuerdo con lo que se vaya observando. A partir de aquí, también se puede comparar la clasificación hecha por los alumnos con las que presentan los libros de texto, introducir la información nueva que se considere necesaria y hacer los ejercicios específicos pertinentes.

Como actividad de refuerzo posterior se les podría hacer reflexionar sobre los pronombres que no conocían, los que no utilizan casi nunca, los que les resultan más difíciles..., y proponer ejercicios específicos sobre estos pronombres. De esta manera, todo el alumnado trabaja en términos de refuerzo sobre aquellos aspectos concretos que les hayan resultado más complejos.

Ejercicios con mayor grado de dificultad, transformaciones de textos completos, ejercicios de análisis sintáctico de frases con pronombres..., podrían servir como actividades de ampliación para algunos alumnos.

Ejemplificación del criterio: área de matemáticas

Se presentan dos ejemplos relativos a este criterio, referidos a unidades de programación de los dos ciclos de ESO.

El primer ejemplo se refiere al trabajo de medida de áreas en primer ciclo de ESO, donde resulta habitual encontrarse con alumnos o alumnas que tienen niveles muy diferentes de dominio de las operaciones con las unidades del sistema métrico decimal.

Para el alumnado que tenga más dificultades sería interesante disponer tareas de cambios de unidades para que se ejerciten, mientras que para los que ya resuelven sin problemas este tipo de ejercicios se pueden proponer tareas a partir de figuras que tienen los lados de medida no fijada y representada por letras, en las que se pida escribir las fórmulas que permitan encontrar el área a partir de los valores que se pueda dar a las letras. Otro conjunto de ejercicios que se pueden ofrecer como ampliación pueden referirse a la relación superficie/precio en el mercado inmobiliario en diferentes ciudades –se pueden extraer datos de los periódicos–.

El segundo ejemplo se refiere al trabajo sobre funciones de primer grado en segundo ciclo de ESO. Después de haber realizado el trabajo previsto con todo el grupo-clase, será necesario tener preparadas tareas (hojas) de refuerzo para los alumnos con más dificultades, en las cuales se pida hacer ejercicios de paso de fórmulas a tablas y gráficas de diversas funciones, teniendo en cuenta que los valores de a y b correspondan a casos sencillos. En estos ejercicios se insistirá en que se observe la unidad de modelo ($y = ax + b$), con explicitación de la pendiente a y de la ordenada en el origen b. También deberá hacerse la valoración del gráfico para acostumbrar al alumnado a ver cómo se reflejan estos valores. Simultáneamente, aquéllos que en el trabajo ordinario realizado en clase ya hayan alcanzado estos aspectos podrán trabajar dentro del mismo tema con funciones en las que los valores de a y de b no sean enteros, en el paso inverso (del gráfico o la tabla a la fórmula), en la búsqueda analítica y gráfica del punto donde las dos rectas coinciden, etc. También es posible incluir algunos problemas más de aplicación de las funciones de primer grado: movimiento uniforme, cambios monetarios, paso de temperatura Celsius a Fahrenheit, entre otros.

A4. Programar secuencias de actividades que supongan modificaciones progresivas –de mayor a menor– en el grado de ayuda del profesorado al alumnado e inversamente –de menor a mayor– en el grado de autonomía del alumnado en la resolución de las tareas

Desde una perspectiva constructivista, un objetivo que preside cualquier proceso de enseñanza y aprendizaje es conseguir que los alumnos sean cada vez más autónomos en el dominio y utilización de lo que van aprendiendo, y cada vez más capaces de autorregular su propio aprendizaje. En otros términos, se trata de conseguir que tengan la posibilidad de abordar por ellos mismos la resolución de situaciones y problemas en los que hayan de utilizar lo que han aprendido, y que puedan ampliarlo y mejorarlo por sus propios medios cuando lo necesiten o deseen.

En este sentido, los procesos de enseñanza y aprendizaje pueden, idealmente, representarse como procesos en los que la ayuda del profesorado va disminuyendo y retirándose gradualmente mientras avanza el proceso, y la capacidad de actuación y aprendizaje autónomos y autorregulados del alumnado va aumentando paralelamente. Al inicio del proceso, normalmente será necesaria mucha ayuda y apoyo por parte del profesorado; al final, aunque sea idealmente, esta ayuda y apoyo debería desaparecer para dejar paso a la actuación autónoma del alumnado. Desde esta lógica, por tanto, un componente importante del diseño de los procesos de enseñanza y aprendizaje es la inclusión de formas de actuación que favorecen la disminución progresiva de la ayuda por parte del profesorado y la consecución, también progresiva y de una manera correlativa, de autonomía en el aprendizaje por parte de los alumnos y las alumnas.

Este tipo de formas de actuación, requeridas (como se ha dicho) por la propia caracterización de los procesos de enseñanza y aprendizaje desde una concepción constructivista, resultan también de particular interés por lo que respecta a la respuesta a la diversidad del alumnado. Ello es así por varias razones.

En primer lugar, porque disponer de situaciones variadas en cuanto al grado de apoyo que ofrecen y el nivel de autonomía que permiten a los alumnos, supone más posibilidades de participación e implicación para alumnos diferentes, desde los que se encuentran a gusto con tareas poco pautadas y que pueden organizar y desarrollar su propio programa y estilo, hasta los que requieren apoyos contínuos y detallados para no perderse en el proceso.

En segundo lugar, porque disponer de momentos de actuación relativamente autónoma por parte del alumnado ofrece al profesorado la posibilidad de observar con más detalle cómo van desarrollando el proceso de aprendizaje en cada caso, qué dificultades aparecen y qué aspectos funcionan de una manera adecuada..., y poder dar ayudas diferenciadas de acuerdo con las necesidades que muestren cada uno de los alumnos o grupos de alumnos.

En tercer lugar, este diseño de cesión progresiva del protagonismo al alumnado a partir de un inicio del proceso altamente pautado y con bastante apoyo, puede ser especialmente favorecedor para aquellos que tienen más dificultades en el aprendizaje de algún contenido, y que requieren ser «acompañados» poco a poco y gradualmente, desde las situaciones con más apoyo hasta las más autónomas. De hecho, los profesores saben que, a veces, las dificultades de algunos alumnos aparecen exactamente cuando se va excesivamente deprisa en este proceso, y se pasa de golpe y sin pasos intermedios de situaciones con mucha ayuda –la explicación del profesorado o la presentación de una información escrita– a situaciones en las que se les pide a los alumnos que trabajen de una manera completamente autónoma.

El proceso de retirada progresiva de las ayudas y de promoción, también progresiva, de la actuación autónoma de los alumnos pasa por muchos niveles y formas de actuación –nos referiremos a ello varias veces al hablar de otros criterios en el ámbito del cómo enseñar–.

En el caso del criterio que ahora se comenta, lo que se destaca es el interés de diseñar secuencias de actividad alrededor de un mismo contenido que tengan, cada una de ellas, diferentes niveles de apoyo y de demanda de actuación autónoma al alumnado, desde las más dirigidas por el profesorado a las que se prevén como más autodirigidas por los alumnos. Se trata, por tanto, por lo que respecta a este criterio, de ir pasando de actividades más pautadas y dirigidas y con más apoyo, a actividades menos pautadas y dirigidas y con menos apoyo, de una manera progresiva, y de que esta secuencia se utilice de una forma habitual en las diferentes unidades de programación que se desarrollen en el aula.

Ejemplificación del criterio: área de ciencias experimentales

Se ejemplificará el criterio mediante una secuencia de trabajo alrededor del concepto físico de *volumen* para alumnos de primer ciclo de ESO. Se trata de, entre otros objetivos, conseguir que diferencien adecuadamente el concepto de *volumen* de los de *masa* y *densidad*. La secuencia incluye los siguientes pasos:

1. Explicación

Al empezar, se puede dar un texto a los alumnos -preferentemente acompañado de una fotografía, un gráfico o una demostración real u otros medios audiovisuales- donde se explica el tema. También se puede explicar oralmente. En este último caso, hay que asegurarse de que los apuntes que cojan los alumnos sean fiables, y ayudarlos a hacerlos si se cree conveniente. Entonces se les puede pedir que subrayen los conceptos fundamentales y que tomen nota de las definiciones por escrito o las digan oralmente a otro de sus compañeros.

2. Demostración

A continuación, resolvemos —explicando de manera clara los pasos y los elementos implicados— algunos ejercicios de este tipo:

> Una receta de cocina dice que se necesitan 2 dl de crema de leche para preparar una salsa. La botella de crema indica 75 cl de contenido. ¿Cuántas veces la podremos utilizar? (R: 3 veces)

Podemos aprovechar esta demostración para elaborar un cuadro de conversión de unidades volumen/capacidad. Podemos hablar también de otros conceptos, como por ejemplo la *masa* o la *densidad*, a partir del estudio de las etiquetas alimentarias.

3. Resolución conjunta

A continuación, se proponen al alumnado otros ejercicios semejantes. Les pedimos que anoten con expresiones propias lo que propone el problema y se lo expliquen a alguno de sus compañeros. También se les solicita que anoten los datos, realizen esquemas y planteen una estrategia de resolución. Cuando advertimos que ésta es correcta, se propone hacer las operaciones con los cambios de unidad pertinentes y se les pide verificar la factibilidad del resultado y escribirlo con sus correctas unidades.

4. Resolución individual con apoyo

A continuación, se les proporciona una lista de ejercicios o cuestiones con indicación de los pasos que hay que resolver y las respuestas a las cuestiones intermedias. También podemos proponer una actividad práctica para hacer en grupo, de manera que el alumnado se ayude entre él. Un ejemplo -continuando en la línea culinaria- puede ser que determinen y la densidad de una clara de huevo a punto de nieve. En primer lugar, hay que medir el volumen de líquido que gotea y, en segundo lugar, hay que pesarla en un recipiente.

5. Resolución individual sin apoyo

Se plantean ejercicios y cuestiones sin apoyo, parecidos a los anteriores, como por ejemplo:

Si traspasamos el líquido de un recipiente que contiene 100 ml a una probeta –se añade un gráfico–, ¿qué nivel alcanzará?

6. Ampliación a problemas nuevos

Se plantean ejercicios y cuestiones que van un poco más allá de lo que se ha trabajado explícitamente hasta el momento, o que cambian los tipos de enunciados habituales, para que obliguen a poner en juego los conceptos aprendidos y puedan ser resueltos si se utilizan estos conceptos. Por ejemplo, y sin dejar la cocina, puede proponerse la preparación de una *mousse* de chocolate o de merengue, ya que ambas utilizan la clara de huevo a punto de nieve. El objetivo no solamente es disfrutar de la comida, sino que las alumnas y los alumnos trabajen la receta de una manera autónoma, puedan aplicar en la realidad las unidades de volumen, capacidad y masa, y comprueben que factores como la densidad pueden influir en la calidad del punto de nieve y, por tanto, del resultado final (Albadalejo, 1992).

Ejemplificación del criterio: área de lengua

Se ejemplificará el criterio mediante un posible proceso de trabajo alrededor de la carta, con alumnos y alumnas de primer ciclo de ESO. Entre los objetivos que deben conseguirse se encuentra el conocimiento y utilización por parte de los alumnos del esquema tipológico de la carta, y un cierto conocimiento y uso de diferentes registros según el destinatario. El proceso de trabajo puede ser el siguiente:

1. El profesorado lee una carta que ha llegado supuestamente a los alumnos pidiendo una información o con algún requerimiento específico, y plantea la necesidad de escribir una respuesta. Entonces analiza la carta y realiza un esquema de su estructura. Se trata de una actividad dirigida y controlada esencialmente por el profesorado, que da toda la información que sea necesaria.
2. Los alumnos y las alumnas recogen varias cartas –de casa, del centro...–. El profesor o la profesora prepara un cuadro, que rellenarán todos juntos, vaciando su contenido: saludos/interpelaciones, diferentes temas, despedidas/fórmulas de cortesía... Se realiza también conjuntamente, pero con la guía del profesorado, la clasificación de las cartas según el tipo –solicitud de información, agradecimiento, comunicación interpersonal, carta comercial...–, y se analizan los registros de acuerdo con el tipo de carta y las características de los destinatarios. Es una actividad fuertemente dirigida por el profesorado con un objetivo global de aportación de información.
3. Se entrega a todo el alumnado una misma carta, para que la clasifiquen y localicen en ella las distintas partes. Para hacerlo, utilizan el cuadro elaborado previamente como apoyo. La actividad se corrige conjuntamente. En esta actividad se pide una primera resolución de tareas por parte del alum-

nado, aunque la petición es bastante cerrada. Tienen el apoyo del cuadro durante el proceso y del profesorado al final.

4. Se entregan fragmentos de cartas diversas en cuanto al tipo y registro, recortadas y mezcladas, para que el alumnado las componga adecuadamente. La actividad es más compleja, y les supone un nivel superior de exigencia. A pesar de todo, aún es una actividad cerrada por lo que respecta a la solución final de la tarea, que debería ser igual para todos los alumnos o grupos.
5. El alumnado se organiza en grupos. Cada grupo escribe el texto inicial de una carta y la pasa a otro grupo; este segundo grupo escribe la primera parte de una carta en el mismo momento, y al final se obtienen tantas cartas como grupos con el mismo número de partes. La actividad es más abierta en cuanto al producto final, ya que el alumnado ha de producir y no sólo comprender como en las actividades anteriores y puede dar y recibir apoyo de sus propios compañeros.
6. Individualmente, el alumnado responde a la carta inicial. Es una actividad individual y autónoma por parte de todos.
7. Individualmente, o en grupo, se elaboran otras cartas con registros y tipologías diferentes.

Ejemplificación del criterio: área de matemáticas

En matemáticas muchas veces se tiende a proponer al alumnado problemas cerrados que admiten una única respuesta con pocas variaciones. Este tipo de problemas (que son más bien ejercicios) pueden parecer más sencillos porque reducen la diversidad de conocimientos y capacidades que los alumnos han de poner en juego para resolverlos y se limitan a comprobar si todos han retenido la fórmula, o el procedimiento pertinente para hacerlo.

En la fase de introducción de un tema o de un concepto, estos ejercicios pueden ser útiles (es la fase en la que se ha de dar, en general, un mayor grado de ayuda por parte del profesorado), pero después es conveniente pasar a problemas más abiertos, lo que puede facilitarles la funcionalidad de lo que han estudiado. Muchas veces, ante la dificultad de los alumnos en la primera fase, se insiste una y otra vez en estos ejercicios cerrados y parece que no se avanza. Hay que romper el círculo y tratar de plantear problemas ligados a situaciones complejas que puedan ayudar a despertar la intuición de los alumnos que no han alcanzado estos primeros conceptos. El trabajo en este otro tipo de cuestiones puede ayudar, por otra parte, a consolidar los conceptos y procedimientos básicos.

Por ejemplo, en el trabajo sobre áreas en primer ciclo de ESO, al principio se pueden plantear cuestiones de cálculo de áreas de triángulos o rectángulos (ejercicios estándares), y posteriormente pasar al cálculo de áreas de figuras que se pueden descomponer en rectángulos (es decir, figuras que tienen el perímetro formado por segmentos, o bien horizontales, o bien verticales), o también figuras irregulares (de las que se hará una estimación del área por el procedimiento de triangulación). Dentro de este tipo de figuras puede ser interesante dar a escala los mapas de países, comarcas, municipios... para proponer después que calculen las áreas por triangulación y comparar los resultados que se obtengan con los datos que se pueden encontrar en textos o enciclopedias. En esta segunda fase, el alumnado ha de llevar más la iniciativa y el papel del profesorado es más de supervisión que de dirección.

En la resolución de ecuaciones lineales y de primer grado (con una incógnita o dos) sería interesante no limitarse al trabajo con sistemas algebraicos (algo que se hace a menudo). Puede tener más interés su aplicación en problemas diversos (por ejemplo, en problemas de movimiento uniforme), los cuales permiten después considerar la plausibilidad del resultado. Nos volvemos a encontrar una situación sencilla y académica en la que se pretende hacer que aprendan los procedimientos de solución (que serían problemas del tipo más bien cerrado), donde el papel del profesorado supone un mayor grado de ayuda, para pasar posteriormente a un campo (el de los problemas de planteamiento) donde podemos encontrar cuestiones que pueden ser planteadas con un grado muy diferente de dificultad y que, para resolverlas, el alumnado deberá actuar de una manera más autónoma.

Podríamos decir lo mismo en el ámbito del concepto de *función*. Hacer que los alumnos construyan tablas de valores a partir de una fórmula y pedir su representación gráfica es una actividad que es necesario que consigan, pero no podemos quedarnos aquí. Será necesario que utilicen el concepto de *función*, es decir, que lo sepan reconocer a partir del planteamiento de situaciones ligadas a relaciones funcionales entre magnitudes físicas o económicas, en contextos más complejos donde las matemáticas actúan como herramienta o elemento de análisis. Al programar una secuencia de actividades sobre este tema (por ejemplo en tercero de ESO), hemos de tener en cuenta la doble función de las matemáticas: como objeto de conocimiento y como instrumento de conocimiento. Poner énfasis únicamente en las matemáticas como objeto conduce, muchas veces, a situaciones de bloqueo, porque el alumnado no llega a captar la utilidad de lo que se le propone y le faltan referentes para alcanzar objetivos. Hacer que las matemáticas jueguen en situaciones más complejas puede favorecer la implicación del alumnado y puede ayudar a entender indirectamente algún concepto que no habían alcanzado.

En todos estos ejemplos vemos que se puede buscar, en la aplicación de contenidos matemáticos, el espacio que permitirá proponer actividades en las que el alumnado tenga que actuar con más iniciativa y autonomía. Para los que han alcanzado estos contenidos, estas actividades pueden profundizar su comprensión, mientras que para otros supone la oportunidad de entenderlos gracias al contexto en el que se sitúan.

B1. Diversificar, de modo sistemático y planificado, los tipos y grados de ayuda a los alumnos en el transcurso de una determinada actividad o tarea

Una de las características que muestran las situaciones de enseñanza y aprendizaje que apoyan con más eficacia el aprendizaje del alumnado es el uso, por parte del educador, de un abanico amplio de tipos y grados de formas de ayuda, de una manera contingente a lo que los alumnos van haciendo y aprendiendo.

Al hablar de diferentes tipos de ayuda nos referimos a diferentes vías y maneras de apoyar la actuación y aprendizaje del alumnado: hacer una demostración, dar directrices sobre la acción que debemos seguir, dar pistas para resolver un problema, reformular la tarea que hay que realizar, recordar una información ya conocida, introducir una nueva información, confirmar o no el curso de actuación que han iniciado, remitir a un material complementario o de apoyo, plantear preguntas más o menos abiertas..., son algunos ejemplos de formas de ayuda diferentes que se emplean habitualmente en una situación de aula. Así pues, hablar de tipos de ayuda supone una caracterización fundamentalmente cualitativa de los diferentes refuerzos y ayudas que pueden utilizarse con la finalidad de favorecer el aprendizaje del alumnado.

Además de esta variación cualitativa, las ayudas empleadas por el profesorado pueden ser más o menos intensas cuantitativamente. Dar una información directamente supone, en principio, más cantidad de ayuda que indicar la fuente donde se puede encontrar para que el alumnado la localice. De una manera parecida, formular una pregunta abierta, como por ejemplo «¿Qué fórmula deberíamos utilizar en este ejercicio?», ofrece, en principio, menos cantidad de ayuda que formular una pregunta más cerrada del tipo «¿Qué fórmula he de utilizar: ésta o aquélla?». A esta diferencia cuantitativa, que puede darse dentro de un mismo tipo de ayuda, se refiere la noción de *grado de ayuda*. Emplear los diferentes tipos y grados de ayuda de forma contingente quiere decir hacerlo de una manera ligada a lo que van haciendo el alumnado en cada momento. Si, ante un problema planteado, no saben cómo empezar, puede ser necesario facilitarles mucha ayuda a través de, por ejemplo, una demostración o una guía muy pautada con instrucciones muy concretas. Si saben resolverlo, pero se olvidan de algún elemento o cometen un error puntual, quizá baste con una indicación de que repasen o revisen lo que están haciendo, o con una pista general sobre dónde se han equivocado.

Con estas características parece fácil entender la importancia, para favorecer el aprendizaje de los alumnos y las alumnas, de utilizar tipos y grados diferentes de ayuda de una forma contingente: esta utilización, en efecto, puede permitir que reciban la ayuda más apropiada en cada caso de acuerdo con su situación y, por tanto, que puedan beneficiarse al máximo de esa ayuda. Y por la misma razón, se puede entender fácilmente la importancia de este tipo de actuación del profesorado desde el punto de vista de la atención a la diversidad del alumnado. En efecto, la variación contingente de tipos y grados de ayuda en el transcurso de las tareas habituales puede permitir que alumnos que se encuentran en momentos y puntos diferentes de su proceso de aprendizaje reciban, en cada caso, los apoyos más adecuados a sus necesidades.

Es necesario remarcar que, si bien de entrada puede parecer muy difícil utilizar una amplia variedad de apoyos y refuerzos, y hacerlo de una manera contingente en los procesos habituales en el aula, es algo que el profesorado realiza de forma habitual, de una manera no siempre consciente. Por ejemplo, ante una cierta dificultad, el profesorado sabe, más o menos intuitivamente, que a tal alumno no es necesario darle instrucciones demasiado explícitas y que sólo una pista o idea general le puede ayudar, mientras que a otro deberá proporcionarle unas pautas muy guiadas y detalladas. O también que a tal alumna le será más útil una explicación oral que un esquema visual, y a otra justamente lo contrario.

Lo que el criterio señala, en este sentido, es la importancia de tratar de realizar de una manera sistemática y planificada –o, por lo menos, de la manera más sistemática y planificada posible– este trabajo hasta cierto punto inconsciente. Esto supone, por un lado, una cierta reflexión *a priori* por parte del profesorado sobre cuáles pueden ser los tipos y grados de ayuda que puede emplear en relación con una tarea o contenido específico, y por otro lado, una cierta sensibilidad en el transcurso de la clase para observar la situación del alumnado y decidir cuál puede ser la ayuda más conveniente en cada momento, y valorar sobre la marcha lo que va sucediendo cuando esta ayuda se ofrece. La utilización de materiales o apoyos diversos para diferentes alumnos que trabajan el mismo contenido, o incluso la misma actividad (textos de complejidad diferente para dar nueva información, guiones de trabajo más o menos pautados, ejercicios más sencillos o más complicados...) puede ser también una vía añadida, relativamente fácil de utilizar en la práctica habitual, para conseguir, de una manera más consciente y planificada, este trabajo.

Ejemplificación del criterio: área de ciencias experimentales

Se presentarán tres ejemplificaciones del criterio, que lo ilustran a diferentes niveles y de maneras diversas. Todas las ejemplificaciones hacen referencia a contenidos y alumnos de ESO.

La primera se relaciona con la utilización de materiales de apoyo diferentes (guiones de trabajo, dossier...) para escolares diferentes, que puede ofrecer tipos y grados de ayuda diferentes al alumnado o a grupos concretos del alumnado. Esta utilización puede suponer, en relación con diferentes tareas, la obtención y elaboración de información, o la realización de trabajos prácticos.

El ejemplo que se presenta se refiere a este último caso. Supongamos que se quiere plantear un trabajo práctico donde los alumnos y las alumnas identifiquen productos químicos, todos sólidos y blancos (bicarbonato de sodio, carbonato de calcio, cloruro de sodio) con la ayuda de reactivos: ácido clorhídrico y yodo diluido. Se les informa de que dos de los productos se disuelven en agua (bicarbonato y cloruro), que dos reaccionan con el ácido (bicarbonato y carbonato) y que uno reacciona con el yodo, con aparición de un color azul oscuro (almidón).

Se puede dar a algunos grupos un informe detallado en donde se les explique el proceso que se va a desarrollar: poner una punta de espátula de cada sustancia-problema en un tubo de ensayo, añadir 3 cm^3 de agua y marcar qué sustancias se disuelven en agua y cuáles no; limpiar los tubos y secarlos, volverlos a llenar y añadir ahora 1 cm^3 de la solución de ácido a cada uno e indicar aquellos productos que producen efervescencia; limpiar los tubos y volverlos a llenar, añadir unas gotas de solución de yodo y detectar qué producto cambia de color; ordenar los datos y deducir las conclusiones.

A otros grupos se les puede indicar simplemente algunas pistas de trabajo: la conveniencia de utilizar tubos de ensayo en cada ocasión para no gastar de golpe toda la sustancia y la importacia de probar las variables (agua, ácido, yodo) separadamente.

A otros grupos, finalmente, se les puede dar una hoja de planificación en la que ellos mismos tengan que especificar el problema, buscar los instrumentos y las informaciones complementarias, analizar los resultados y dar las conclusiones.

La segunda ejemplificación se refiere a diversas formas de presentar una misma información, de manera que la mayoría del alumnado pueda alcanzar un nivel aceptable de comprensión e, incluso, algunos puedan ampliarlo.

Supongamos, por ejemplo, que pretendemos que los alumnos interpreten correctamente una reacción química del tipo:

$$N_2 + 3H_2 = 2NH_3$$

Al leerla, podemos utilizar diversas frases de complejidad diferente:

- Formulativa: «Los elementos químicos gaseosos formados por parejas de átomos iguales (2 de N y 2 de H) llamados nitrógeno e hidrógeno y representados respectivamente por N_2 y H_2 se combinan entre sí y dan el compuesto amoníaco (gas), formado por cuatro átomos diferentes (3 de H y 1 de N) representado por NH_3».
- Cualitativa: «El nitrógeno se combina con el hidrógeno para producir amoníaco».
- Molecular: «Una molécula de nitrógeno y tres de hidrógeno producen dos moléculas de amoníaco».
- Molar: «Un mol de nitrógeno y tres moles de hidrógeno se combinan para dar dos moles de amoníaco».
- En clave de masas: «28 gramos de nitrógeno y 6 gramos de hidrógeno producen 34 gramos de amoníaco».
- En clave de volúmenes: «22,4 l de nitrógeno y 67,2 l de hidrógeno producen 44,8 l de amoníaco».

La tercera ejemplificación es de carácter más global, se refiere a diversas formas y grados de ayuda que se pueden emplear en el trabajo de una unidad de programación. La ilustramos a partir de una posible unidad sobre movimientos rectilíneos.

Una vez presentada la información inicial es probable que un cierto número de alumnos necesite que volvamos a presentar los contenidos, quizá de una manera más lenta o quizá diferente, utilizando, por ejemplo, analogías o símiles o la ayuda de apoyos de tipo visual (TIC, materiales de física, demostraciones de movimientos) que no hayamos utilizado previamente.

Posteriormente se puede hacer una recapitulación panorámica de los conocimientos anteriores del alumnado –conceptos de *velocidad, aceleración, movimiento...*– y un trabajo explícito de relación con los nuevos conocimientos presentados (velocidad, tiempo, y espacios iniciales y finales; gravedad, sistemas de referencia...).

El hecho de realizar trabajos prácticos de observación y medida de movimientos puede ser otro tipo de ayuda para ofrecer al alumnado, sobre todo el que tiene mayor dificultad de abstracción.

Tanto por lo que respecta al tratamiento de los datos obtenidos en el trabajo práctico, como por lo que respecta a la resolución de problemas, hay que alertar sobre las dificultades que pueden aparecer y recordar ciertos procedimientos matemáticos, como por ejemplo las estrategias para aislar una incógnita, identificar la letra *x* con nuevas variables, como por ejemplo *a, v, e, t*; utilizar correctamente la calculadora, etc.

Tampoco iría mal practicar ciertas técnicas de comprensión lectora, así como dar modelos de resolución con pautas de trabajo que faciliten los pasos que vamos a seguir. También es importante ayudar a resolver los problemas desde diferentes ópticas cuantas más, mejor y enseñar cómo se puede comprobar la solución y verificar su coherencia. Esta estrategia de autoevaluación deberíamos utilizarla habitualmente, ya que es muy importante que el alumnado tome conciencia de sus propios procesos de trabajo, de los aciertos y errores que tienen.

En cuanto al trabajo individual del alumnado, se les puede ayudar indicando cómo deben estudiar la unidad -esquemas, mapas conceptuales, técnicas de coloración y subrayado...- y dando ejemplos sobre cómo pueden organizarse el trabajo. También podemos sugerir materiales adicionales, complementarios o de apoyo, para ampliar contenidos.

Ejemplificación del criterio: área de lengua

Se ejemplificará el criterio con relación al trabajo de comprensión lectora, uno de los más relevantes, sin duda, en el contexto del área y por su importancia global para el aprendizaje. La diversificación de ayudas y apoyos puede pasar, en este caso, por tener en cuenta toda una serie de fases y momentos implicados en el proceso lector, y prever actividades y formas de apoyo específicas para cada una de ellas. Así, por ejemplo, entre estas fases y momentos se podrían incluir los siguientes:

- El trabajo de la anticipación y preparación de la lectura para activar los conocimientos previos pertinentes y relacionarlos, generando así preguntas e hipótesis iniciales. Esto puede hacerse con tareas como por ejemplo prever el tema y las ideas del texto a partir del título o de los subtítulos, formular hipótesis sobre elementos a partir de las fotos o dibujos, analizar el inicio del texto o un fragmento y anticipar su continuación, elaborar una lista de palabras que pueden aparecer, etc.
- El trabajo de lectura colectiva y/o individual, con diferentes grados de apoyo por lo que respecta a la realización de estrategias, como por ejemplo la comprobación de las predicciones iniciales, la formulación de nuevas preguntas sobre lo que se está leyendo, la aclaración de dudas o problemas de comprensión, el resumen progresivo de la información más importante...
- La comprobación, elaboración y mejora de la comprensión, con actividades orales o escritas, como elaborar la idea principal, hacer un resumen, responder preguntas abiertas o cerradas, pedir al alumnado que elabore preguntas para formular a los compañeros...

Cada una de estas tareas se puede guiar, más o menos, por parte del profesorado, desde los momentos iniciales, en los que puede hacer de modelo experto de trabajo, hasta momentos posteriores, en los que deja la práctica totalidad del trabajo a los alumnos, pasando por momentos intermedios en los que se dan pistas, se devuelven intervenciones del alumnado, se piden nuevas ideas, se matizan o reelaboran propuestas, etc. Esto supone un paso progresivo desde la realización conjunta de la tarea entre profesorado y alumnado hasta la realización independiente por parte de este último, lo que implica una modificación de las formas prioritarias de ayuda y la disminución global de su intensidad.

Igualmente, el seguimiento del proceso permitirá, según los avances y problemas que se detecten, plantear o insistir en determinadas tareas y formas de apoyo: volver al principio, sacar de contexto algún aspecto para profundizar sobre él, explicitar los errores y revisarlos, retomar aspectos de contenido... Estas modificaciones sobre la marcha del tipo y grado de ayuda al alumnado pueden suponer igualmente pequeñas adaptaciones organizativas, como el trabajo más individualizado con algunos alumnos o la utilización de la tutoría entre iguales.

Ejemplificación del criterio: área de matemáticas

Se ejemplificará el criterio en relación con una actividad que se repite a menudo en diferentes momentos en clase de matemáticas: la resolución de ecuaciones de primer grado.

En cuanto a los tipos de ayuda que se pueden prever puede citarse:

- Explicaciones del profesorado al grupo-clase como conjunto.
- Realización de un modelo de tarea propuesta, bien en términos de demostración del profesorado, bien dando copias al alumnado.
- Dar pautas de trabajo al alumnado.
- Formular preguntas.
- Devolver los errores.
- Proporcionar mecanismos de autoevaluación al alumnado –en particular, mediante el uso de la calculadora–.

Se pueden concretar un poco más los ejemplos considerando el caso de una clase de primero de ESO donde se plantea la resolución de ecuaciones con una incógnita, del tipo siguiente:

$3x - 2 = 4$

$2x + 4 = 4x - 5$

$3x / 2 + 5 = 9$

Los tipos y grados se ayuda que deben preverse serán diferentes si es la primera vez que se resuelven ecuaciones o si es una tarea que ya se ha hecho con anterioridad. En todo caso, hay que tener presente que una parte del alumnado tiene una cierta experiencia en estas actividades y, en cambio, no parece que hayan asimilado los mecanismos de resolución, al haber obstáculos que provienen de hábitos «erróneos» que puede ser muy útil explicitar.

Entre los tipos de ayuda habituales en esta situación se encuentran:

1. Dar un modelo. Por ejemplo, la ecuación $3x - 2 = 4$, la podemos entender del tipo $ax + b = c$.
2. Recordar información de reglas de procedimiento, como «un término que está sumando pasa restando al otro término» o «es necesario despejar la *x*

de manera que conviene dejar los términos con x a la derecha y pasar los otros a la izquierda».

3. Enfrentarse con el error. Es interesante resaltar que muchas veces el alumnado recuerda de su experiencia escolar anterior, algunas normas de resolución de este tipo de problemas, pero las aplica mal porque las saca de contexto o las recuerda incorrectamente. En estos casos quizá la forma de ayuda que interesa es devolver el error. Hay que tener en cuenta que una de las características que se debe combatir, en la actuación del alumnado en matemáticas, es la tendencia a afrontar las tareas recordando sólo actuaciones anteriores o copiándolas, más que asumiendo el problema como propio y tratando de buscar activamente una solución. Esta tendencia se manifiesta en preguntas del tipo «¿cómo se hacía?» o «¿cómo era?», o en el hecho de que los alumnos protesten si se plantea un problema de un tipo diferente a los que ya han hecho –ya que en su definición de la situación figura que su trabajo es aplicar procedimientos ya probados a situaciones nuevas pero idénticas–. Esto señala la importancia de este tercer tipo de ayuda y al mismo tiempo apunta la necesidad de no fiarse excesivamente de los dos primeros.
4. Formular preguntas o plantear otras tareas. En la resolución de ecuaciones como las citadas es frecuente encontrarse con errores del alumnado del tipo:
   - Sustituir $3x + 2$ por $5x$.
   - Pasar de la ecuación $3x = 8$ a $x = 8 - 3$.
   - Dar $2x + 3x$ como equivalente de $5x^2$.

   Ante errores de este tipo quizá convendría que el mismo alumnado descubriese que lo que ha hecho no es válido. Por ejemplo, se le puede pedir que construya una tabla de valores para $3x + 2$, y otra para $5x$, con el fin de ver que los valores que salen son muy diferentes, o hacer que sustituyan el valor en la ecuación $3x = 8$ para ver que el resultado no es el mismo.
5. Proporcionar elementos de autoevaluación. En los procesos de resolución de ecuaciones es muy importante dar pistas al alumnado para que puedan comprobar si sus soluciones son correctas o no. En este sentido puede fomentarse el uso de la calculadora, más que para realizar las operaciones que conducen a la solución, para realizar la comprobación que muestre si la solución es correcta.

B2. Diversificar los lenguajes de apoyo para la presentación de información nueva al alumnado

Las personas podemos recibir información por diferentes vías o valiéndonos de diferentes tipos de lenguajes. Así, a veces, la información nos llega por vía verbal –como cuando escuchamos una explicación o cuando leemos un texto como éste–; otras lo hace mediante la imagen –como cuando vemos un gráfico o una película–, y otras a través de la acción –como cuando aprendemos a conocer un aparato probando las teclas y los controles–, por citar otros ejemplos.

El punto destacable es que, habitualmente, cada persona parece tener algún o algunos tipos de lenguaje preferidos para el trabajo de interpretar, entender y, eventualmente, comunicar la información. Dicho en otros términos: algunas personas parecen más *visuales* y trabajan de forma eficaz con esquemas, imágenes o gráficos, mientras que otras parecen más bien *verbales* y prefieren el apoyo de un texto oral o escrito, o más bien *manipulativas*, como si necesitasen la manipulación y la acción física para comprender cualquier cosa.

Esto que ocurre en general en diferentes contextos y situaciones, aparece también en el caso particular del aula y las situaciones de enseñanza y aprendizaje escolar. En este sentido, diversificar los lenguajes de apoyo para la presentación de información nueva es algo que, además de permitir aprovechar las posibilidades y características diferenciales de cada tipo de lenguaje, puede contribuir a dar respuesta a la diversidad que el alumnado muestra respecto a sus maneras preferidas de procesar la información. Esta diversificación puede suponer la utilización de diferentes tipos de lenguaje de apoyo en momentos y contenidos diferentes, y también puede suponer la utilización simultánea o sucesiva de diferentes lenguajes de apoyo en la presentación de un mismo contenido.

En particular, hay que señalar la importancia de esta diversificación de lenguajes en las etapas más altas de la escolaridad, en las que se tiende, típicamente, a emplear de una manera casi exclusiva el soporte verbal, en general, y el soporte verbal escrito, en particular. Esto no quiere decir, evidentemente, que no sea necesario favorecer el desarrollo de habilidades verbales en los alumnos –la importancia de estas habilidades en este aspecto es muy evidente y ya ha sido bastante recalcada–, pero hemos de procurar evitar que las diferencias en el dominio de este tipo de habilidades por parte del alumnado se transformen en una fuente insuperable de desigualdades en cuanto a sus posibilidades de acceso a los contenidos de aprendizaje.

Ejemplificación del criterio: área de ciencias experimentales

Se presentarán tres ejemplificaciones del criterio en niveles diferentes, todas para contenidos y alumnado de ESO.

La primera se refiere, globalmente, a varios apoyos que se pueden emplear en el conjunto del trabajo sobre una temática específica del área.

Si pensamos, por ejemplo, en la temática de los metales, podemos considerar, entre otros, los siguientes tipos de lenguaje y apoyos para utilizar en el proceso de trabajo:

- Oral: discusión en grupo en relación con aspectos específicos del tema que se quieran destacar: las propiedades de los metales y su relación con el uso que se hace de ellos, la importancia económica de la corrosión y los diferentes métodos preventivos...
- Visual: observación de las muestras metálicas más importantes, o de un vídeo o un programa informático sobre el tema...
- Manipulativo: realización de un estudio experimental de la conductividad térmica y eléctrica, la dureza, la tenacidad y la maleabilidad; obtención en el laboratorio de una aleación, realización de un experimento para evidenciar la corrosión y cómo afectan los factores ambientales...

- Escrito: formalización de un cuestionario a partir de textos sobre el tema, confección de un mapa del mundo que muestre la localización de las variedades metálicas más importantes...

La segunda ejemplificación se refiere, de una manera más particular, a la combinación de lenguajes y formas de apoyo verbales y visuales en el momento de la explicación de un tema.

Supongamos, por ejemplo, que queremos hablar de la diferencia entre la reproducción asexuada y sexuada. Explicamos, en el primer caso, que un individuo produce dos individuos idénticos a la célula madre, y que en el segundo dos individuos sexuados –macho y hembra– producen un individuo diferente de los padres. Mientras damos esta información, podemos mostrar imágenes, gráficos, o incluso esquemas, que ilustren visualmente las diferencias entre los dos casos. Si se hace mediante diapositivas, primero podemos mostrar la diapositiva juntamente con las explicaciones necesarias, volverla a proyectar sin comentarios y finalmente recordar los comentarios sin la diapositiva, fomentando la participación del alumnado.

La última ejemplificación se relaciona con la utilización de diferentes tipos de formatos de trabajo y cuestiones de apoyo que pueden conectar más fácilmente con el alumnado de características determinadas. Estos diferentes tipos de formatos y cuestiones se pueden emplear alternativamente en el trabajo de una misma unidad de programación o entre unidades.

Lo ilustraremos con relación a una unidad de programación sobre la presión. Algunos alumnos pueden beneficiarse si el trabajo se apoya en preguntas abiertas y búsquedas en las que puedan emitir y comprobar las hipótesis: «¿es igual el impacto que recibe un motorista cuando se golpea con el casco puesto que sin él?», «¿por qué duele más cuando te pisan con un tacón fino que cuando lo hacen con un zapato plano?», «¿cómo te hundes más en la cama, estirado o de pie?». Otros pueden aprovechar mejor un trabajo con más apoyo y de carácter más académico. Por ejemplo, se podría iniciar la unidad con una demostración sobre el cálculo de la superficie de sus zapatos –con papel milimetrado– y deducir, teniendo en cuenta el peso, qué compañero se hunde más en un terreno fangoso. Después se podrían proponer cuestiones y experiencias relativamente cerradas y con presentación detallada del método que va a emplearse y la respuesta esperada.

Finalmente, otros alumnos podrían beneficiarse de preguntas mucho más sencillas y no demasiado académicas («caminas por la playa con un amigo que pesa más que tú, pero que lleva unos zapatos iguales y del mismo número: ¿cuál de los dos se hundirá más en la arena?»). Se trata de hacer experiencias fáciles en situación natural y de usar apoyos para la obtención de conclusiones (por ejemplo, frases que han de completarse).

Ejemplificación del criterio: área de lengua

Se ejemplificará el criterio con relación a la unidad de trabajo sobre la diversidad lingüística para alumnos de ESO, con un objetivo global: intentar que reconozcan la variedad social, geográfica y generacional de la lengua y que valoren la riqueza que aporta.

Se podrían utilizar algunas de las formas siguientes de presentar la información:

- Con el apoyo de la propia acción y experiencia: contraste entre hablas de diferentes alumnos de la clase, toma de conciencia de los diferentes registros que pueden emplear, prácticas de hablas y registros que no utilizan habitualmente, juegos de imitación mutua...
- Con apoyo oral receptivo: se pueden escuchar y comentar fragmentos de habla de diferentes variedades, empleando recursos como: audición directa de personas que vengan al aula, grabaciones hechas por el alumnado de diferentes medios de comunicación, grabaciones de canciones...
- Con apoyo escrito: fragmentos de obras de escritores de diferentes zonas geográficas, textos de medios de comunicación escrita...
- Con apoyo visual: visualización de una película en la que el tema de la diversidad lingüística sea un eje temático relevante, utilización de esquemas y diagramas para representar variedades lingüísticas y sus características...

Ejemplificación del criterio: área de matemáticas

Uno de los temas que pueden considerarse básicos, en el conjunto del área en la etapa de ESO, desde el punto de vista de los objetivos generales, es la proporcionalidad. Este tema nos ofrece un buen ejemplo de contenidos que pueden trabajarse en diferentes momentos, con apoyos y en contextos diferentes en cada caso.

Así, durante el primer ciclo se trabaja el concepto de *escala de una representación* (mapas, planos) donde ya hay implícita la idea de *proporcionalidad* (o de semejanza entre la figura representada y la representación). Esta idea de *proporcionalidad* vuelve a aparecer en el estudio de las sombras y las relaciones entre la altura de un objeto y la longitud de su sombra. Después, en el trabajo con figuras geométricas, aparecerá la *proporcionalidad geométrica* (o semejanza).

Cuando se retoma este tema, en el segundo ciclo de la etapa, pueden aprovecharse todos estos antecedentes como diferentes apoyos en el momento de introducir la proporcionalidad entre variables. En la introducción del concepto de *función* pasaremos del lenguaje simbólico $(f(x) = ax)$ a las tablas y gráficos, en un ejercicio continuo de traducción entre lenguajes.

Es muy interesante observar, en este sentido, que algunos alumnos se sienten más cómodos en un lenguaje, o contexto, que en otro, y que la diversidad de formas de presentación puede ser un instrumento útil para romper posibles bloqueos de diferentes alumnos.

Asimismo, hay que señalar que esta diversificación no supone, en modo alguno, una rebaja en el nivel que se pide al alumnado sino que, por el contrario, se consigue que los que tienen menos dificultades en la materia alcancen una visión más profunda del tema.

De hecho, estos últimos alumnos a veces están demasiado acostumbrados a identificar las matemáticas con la ejecución de determinados tipos de automatismos, y con esta diversificación se ven obligados a enfrentarse al tema de una manera más reflexiva y menos mecánica.

B3. Realizar un seguimiento y una valoración sistemáticos, con criterios lo más explícitos posible, del desarrollo de las actividades de enseñanza y aprendizaje

Si la respuesta a la diversidad del alumnado pasa, fundamentalmente, por la diversificación y flexibilización de las ayudas ofrecidas a los alumnos a lo largo del aprendizaje que van llevando a cabo, resulta claro que uno de los elementos esenciales que permite esta respuesta es, precisamente, disponer de una información lo más completa y detallada posible sobre cómo va desarrollándose este proceso.

Entre otros aspectos, la obtención de esta información pasa, esencialmente, por la realización de un seguimiento y valoración sistemáticos, con criterios lo más explícitos posible, del desarrollo de las actividades de enseñanza y aprendizaje.

Este seguimiento y valoración supone, en definitiva, un proceso de evaluación formativa de la actividad que se lleva a cabo en el aula. Desde este punto de vista, las cuestiones que se tratan en el conjunto de criterios relativos al *qué, cómo y cuándo evaluar* –la necesidad de asegurar la coherencia entre lo que se enseña y lo que se evalúa, la necesidad de diversificar los momentos y situaciones de obtención de información, el interés de disponer de algún tipo de instrumento de apoyo para la recogida de datos, la importancia de implicar al alumnado...– resultan aplicables aquí, y no volveremos a repetirlas. La inclusión del criterio, en los términos formulados, en el ámbito del cómo enseñar pretende, además de remarcar la necesidad de realizar sistemáticamente este seguimiento y valoración y de disponer de los criterios adecuados a ello, dos aspectos que tienen que ver directamente con las estrategias metodológicas del profesorado.

El primero de estos aspectos se relaciona con la importancia que tiene que el profesorado adopte un rol de observador, además del rol de participante, a lo largo de las diversas actividades y situaciones de enseñanza y aprendizaje que tienen lugar en el aula. Conjugar este rol de observador con la necesidad de mantener el control de la clase y llevar la gestión de la actividad resulta, sin duda, difícil, y sólo será posible si las estrategias que emplea el profesorado no hacen depender constantemente de él el funcionamiento completo de la clase. Esto supone disponer de estrategias metodológicas que permitan a los alumnos ser relativamente autónomos en cuanto a saber qué han de hacer, de qué manera y en qué condiciones, si se desea que el profesorado quede lo suficientemente liberado de la tarea de gestión del aula y como para poder dedicarse a observar lo que pasa con una cierta tranquilidad y tiempo.

El segundo aspecto destacable se relaciona con la necesidad de que el tipo de metodología empleada en el aula deje suficientes espacios y huecos para que los alumnos puedan poner de manifiesto no sólo si resuelven o no adecuadamente determinadas tareas, sino sobre todo cuál es el proceso que utilizan y dónde se sitúan eventualmente sus problemas o dificultades. En otros términos, el tipo de metodología que se desarrolle en el aula debería permitir al profesorado observar los procesos de trabajo de sus alumnos, además de los resultados finales. En este sentido, hay que apuntar que muchas veces una valoración apropiada de los procesos de trabajo de los alumnos pasa por la interacción y el contacto más personal entre profesorado y alumnado. Así, saber cómo y por qué un escolar o grupo se ha planteado una determinada tarea, ver qué pasa si se le proporciona un tipo de ayuda u otro ante una dificultad, o comentar la valoración que él mismo hace de lo que está trabajando, pueden ser aspectos relevantes en este sentido y que el tipo de metodología empleada debería permitir realizar.

Ejemplificación del criterio: área de ciencias experimentales

Un espacio que puede resultar especialmente favorecedor de la observación de los procesos de aprendizaje del alumnado en la clase de ciencias experimentales es la realización de trabajos prácticos. Se ejemplificará el criterio con la presentación de una posible lista de ítems de evaluación de este tipo de trabajos. Estos ítems se podrían utilizar como una lista abierta, de entre los que deberíamos escoger, en cada caso, los más adecuados para cada tipo de trabajo práctico (AA.VV., 1992):

1. Para evaluar la planificación y el diseño:
   - ¿El alumnado puede definir el problema que se está investigando?
   - ¿Pueden predecir los resultados experimentales?
   - ¿Saben formular hipótesis?
   - ¿Diseñan un método de observación o de medida?
   - ¿Diseñan un experimento o experiencia?
   - ¿Preparan los aparatos necesarios?
2. Para evaluar la realización:
   - ¿Realizan observaciones y medidas?
   - ¿Utilizan correctamente los aparatos?
   - ¿Toman nota de las observaciones?
   - ¿Hacen los cálculos numéricos?
   - ¿Explican o toman decisiones sobre la práctica?
   - ¿Trabajan según su planificación?
   - ¿Superan ellos solos los obstáculos y las dificultades?
   - ¿Cooperan con los compañeros?
   - ¿Mantienen el laboratorio ordenado y utilizan medidas de seguridad?
3. Para evaluar el análisis y la interpretación:
   - ¿Recogen los resultados en formularios normalizados (tablas, gráficas...)?
   - ¿Extraen interrelaciones, interpretan y sacan conclusiones?
   - ¿Determinan la exactitud de los datos experimentales?
   - ¿Examinan las limitaciones y/o supuestos de la experiencia?
   - ¿Formulan o proponen una generalización o modelo?
   - ¿Explican los hallazgos de la búsqueda y las interrelaciones?
   - ¿Formulan nuevas preguntas?
4. Para evaluar cómo aplican el trabajo práctico:
   - ¿Realizan predicciones basándose en los resultados de la investigación?
   - ¿Aplican técnicas experimentales a nuevos problemas o variables?
   - ¿Sugieren ideas y maneras de continuar la investigación?

La observación del proceso se podría completar con el análisis del informe del trabajo. Esta evaluación puede basarse en los ítems siguientes:

1. Para las pruebas previas:
   - ¿Describen las pruebas preliminares antes de empezar la investigación?
2. Para la planificación:
   - ¿Describen el plan inicial y los cambios que han ido introduciendo?
3. Para la realización:
   - ¿Describen todo lo que han hecho?
   - ¿Escriben las medidas que han realizado?
   - ¿Se han asegurado de que las medidas fuesen exactas?
4. Para la comunicación:
   - ¿Muestran de forma clara los valores de las medidas realizadas?
5. Para la interpretación:
   - ¿Extraen conclusiones de los resultados?
   - ¿Describen por qué han llegado a estas conclusiones?
   - ¿Dicen hasta qué punto están seguros de su interpretación?
6. Para la revisión:
   - ¿Escriben qué cambiarían si iniciasen nuevamente la investigación?
   - Etcétera.

Ejemplificación del criterio: área de lengua

Nos situamos en una unidad de programación sobre un texto narrativo para el primer ciclo de ESO (véase la ejemplificación del criterio A1 de este mismo apartado en la página 48).

Para facilitar la tarea de observación y seguimiento se puede elaborar una hoja en la que se determinen aquellos aspectos que queremos observar. Se recogerán aspectos que hacen referencia tanto a diferentes momentos del proceso de trabajo como a los diferentes tipos de contenidos considerados. Algunos de los elementos incluidos en la hoja pueden ser los siguientes:

1. Trabajo de análisis conceptual

- Si el alumnado reconoce un texto narrativo.
- Si reconoce los diferentes tipos de texto.
- Si distingue las partes de su estructura (presentación, nudo, desenlace).
- Si sabe encontrar los rasgos característicos (tiempo, lugar...).

2. Trabajo creativo-procedimental

Contenido y estructura:

- Si planifica el texto.
- Si lo estructura correctamente:
  - Presentación.
  - Nudo.
  - Desenlace.
- Si busca fuentes de información alternativas cuando lo necesita.
- Si sigue el orden temporal.
- Si mantiene la coherencia interna.
- Si el título responde a la idea principal.

- Si utiliza correctamente los tiempos verbales.
- Si utiliza diferentes conectores.
- Si utiliza adjetivación.
- Si coloca los signos de puntuación.
- Si comete errores ortográficos destacables.
- Si revisa sistemáticamente el trabajo que va haciendo.
- Si relee el escrito final.

Presentación:

- Hoja limpia.
- Márgenes.
- Letra legible.

3. Trabajo actitudinal

- Si participa en los trabajos colectivos.
- Si trabaja de una manera ordenada.
- Si realiza la tarea en el tiempo requerido.
- Cómo responde ante las dificultades.
- Etcétera.

Ejemplificación del criterio: área de matemáticas

La posibilidad de realizar un seguimiento del desarrollo de las actividades de enseñanza y aprendizaje en el área de matemáticas va ligada muy directamente a la misma estructura de estas actividades. Resulta difícil que el profesorado pueda ir haciendo este seguimiento de una manera significativa si la clase se estructura siempre sobre actividades que suponen un gran protagonismo por su parte: si debe estar pendiente de lo que hace él mismo, y si el desarrollo de la clase depende de él casi por completo, difícilmente se podrá dedicar a observar a los alumnos. Por este motivo hay que incorporar espacios y formas de trabajo más centradas en la actuación de los alumnos. Actividades y tareas como la planificación y/o desarrollo de pequeños trabajos prácticos o investigaciones, el trabajo a partir de materiales de posible utilización autónoma («maletas» de problemas, bancos de actividades secuenciadas, programas informáticos), la resolución de situaciones-problema, la respuesta a ejercicios, la búsqueda y obtención de información a partir de fuentes diversas..., son algunos ejemplos que pueden utilizarse habitualmente.

Este tipo de clase comporta, sin duda, problemas de gestión y control; por ejemplo, cuando el profesorado se dedica específicamente a un alumno o grupo de alumnos como respuesta a una petición o a partir de lo que ve, los otros se distraen o detienen el trabajo ante la primera dificultad. En este sentido, y a pesar de que la solución no es fácil ni inmediata, una clase impartida bajo estos parámetros requiere ir fomentando la autonomía en el trabajo por parte del alumnado y hacer que esta autonomía se vea como un valor que es importante ir adquiriendo. La elaboración y utilización de herramientas concretas de autorregulación de los aprendizajes (cuestionarios de apoyo a la planificación y resolución de tareas, fichas que ofrezcan pistas en relación con ciertos problemas, material bibliográfico de consulta, pautas y fichas de autocorrección y autoevaluación...) también pueden resultar de gran ayuda en este punto. Lo mismo puede decirse de algún tipo de sistema de registro que permita al profesorado saber con qué alumnos ha trabajado de forma más directa durante la sesión de clase y durante cuánto tiempo, para asegurar el apoyo y seguimiento de todos. Igualmente, la colaboración entre alumnos puede ser un recurso básico que hay que tener en cuenta.

Otro tipo de práctica poco habitual, pero que puede resultar muy interesante desde el punto de vista del criterio, es la presencia de dos profesores en el aula, uno de los cuales toma el papel de observador y asume la responsabilidad de pasar al compañero el resultado de sus observaciones y hacer su comentario. A veces esta práctica resulta muy difícil por razones organizativas, pero en otros casos puede resultar posible sin demasiadas complicaciones para los profesores implicados, y en cambio no se plantea o se descarta con demasiada rapidez. Para el profesorado es importante poder comentar con un compañero las dificultades y actitudes del alumnado, y el punto de vista del otro puede convertirse en un elemento esencial de contraste sobre la situación.

C1. Construir un clima relacional en el aula que se base en la aceptación, la seguridad y la confianza mutuas entre profesorado y alumnado

Como es bien sabido, en el aprendizaje no sólo intervienen factores de tipo estrictamente cognitivo o intelectual, sino que también lo hacen, y de una manera muy relevante, aspectos de tipo emocional, afectivo y relacional. En este sentido, muchos alumnos que muestran dificultades en su proceso de aprendizaje en la escuela presentan como características un autoconcepto académico negativo -es decir, una idea de ellos mismos como poco competentes y poco capaces de enfrentarse con éxito a las actividades y tareas escolares–, muy poca confianza en sus posibilidades de aprender y una cierta concepción del fracaso o del éxito escolar como algo que no depende excesivamente de lo que ellos puedan hacer. Este tipo de alumnado, muchas veces, posee una importante expectativa de fracaso, que hace que no pongan en juego todos sus recursos y posibilidades, aumentando así el riesgo de unos resultados académicos negativos y creando una especie de «profecía de autocumplimiento»: puesto que asumen que fracasarán no hacen nada para buscar el éxito y mejorar su rendimiento, y acaban efectivamente fracasando, lo que refuerza aún más sus valoraciones y expectativas negativas iniciales.

Estas características, particularmente acentuadas en muchos casos en alumnos con un amplio historial de fracaso en la escuela, condicionan fuertemente sus posibilidades de aprendizaje. Por este motivo, una intervención educativa que las tenga en cuenta y trate de modificarlas forma parte necesariamente de una respuesta adecuada a la diversidad. En este sentido, la construcción de un clima afectivo y relacional en el aula basado en la aceptación, la seguridad y la confianza entre profesorado y alumnado, y entre los mismos alumnos, resulta un elemento fundamental.

De hecho, esta construcción es tan importante que, en determinadas ocasiones en que su ausencia sea especialmente clara y marcada, puede llegar a considerarse como núcleo básico inicial del trabajo educativo. Muchos profesores saben por experiencia que sin una mínima conexión afectiva y emocional entre los miembros del grupo, el propio profesorado y los contenidos, cualquier intento de abordar los aspectos meramente cognitivos del aprendizaje se puede ver, en muchos casos, destinado al fracaso a pesar de los esfuerzos que se dediquen; e, inversamente, que una vez esta conexión se ha conseguido, todo el trabajo se convierte de pronto en algo más sencillo y fluido.

Hay que señalar, además, que atender este tipo de aspectos no tiene por qué suponer que olvidemos los contenidos curriculares propios del área y de la etapa de que se trate. La presencia de los contenidos normativos, actitudinales y de valores en el currículo como contenidos de pleno derecho, y el hecho de que la enseñanza y el aprendizaje de estos contenidos implica la construcción de un entorno afectivo y relacional como el que se propone, vinculan directamente el trabajo que plantea el criterio a los contenidos del currículo. Por otra parte, hay que señalar que construir un clima basado en la aceptación, la seguridad y la confianza mutuas no es sinónimo, en modo alguno, de dejar que cada uno haga lo que le parezca sin ninguna intervención. Por el contrario, la construcción de un clima de este tipo requiere, juntamente con el mantenimiento de una comunicación lo más abierta y clara posible dentro del grupo-clase y la defensa de un trato basado en el respeto y la atención a las diversidades afectivas del alumnado, un nivel adecuado de exigencia al alumnado en todo aquello que es capaz de hacer, y un control suficiente y bien establecido de las conductas claramente perturbadoras de la convivencia y la relación en el aula.

La construcción de un clima relacional pasa, sin duda, por muchos niveles y aspectos diferentes de la relación educativa, algunos muy difíciles de explicitar porque se relacionan con la misma actitud, posición y tono de la acción del profesorado. En este sentido, los ejemplos que siguen son, en algunos casos más que en otros, necesariamente incompletos. Hay que apuntar, sin embargo, que las actuaciones que suponen la mejora de los aspectos afectivos, relacionales y emocionales implicados en el aprendizaje no son en absoluto independientes de la actuación del profesor o la profesora en otros ámbitos aparentemente más intelectuales o cognitivos.

Así, por ejemplo, que las tareas que el profesorado proponga tengan un nivel de dificultad adecuado al alumnado –ni demasiado bajo porque no resultarán interesantes ni demasiado alto porque serán imposibles de realizar–, que los alumnos conozcan de antemano los objetivos del trabajo que van a realizar, o compartan los criterios de evaluación de las áreas y estén implicados en todo el proceso de evaluación, son elementos «cognitivos» claramente relacionados con el tipo de clima afectivo y relacional que se acaba estableciendo en el aula.

Ejemplificación del criterio: área de ciencias experimentales

Una parte de los objetivos generales de la etapa de ESO se refiere a aspectos como, por ejemplo, la formación por parte del alumnado de un nivel adecuado de autoestima y una imagen ajustada de sí mismo, la valoración del esfuerzo y la superación de las dificultades, la relación con otras personas con actitudes de flexibilidad, solidaridad, interés y tolerancia, entre otros.

La construcción de un clima relacional adecuado en el aula será importante, sin duda, si quiere favorecerse la consecución de estos objetivos. Este clima dependerá tanto de las características del profesorado y el alumnado como de las relaciones que establezcan entre ellos, tanto individualmente como colectivamente. A pesar de la dificultad de valorar el clima relacional de un aula y los factores que contribuyen, se apuntan a continuación algunos aspectos que pueden contribuir a favorecer, dentro de la clase de ciencias, este tipo de clima:

- Tener y transmitir expectativas positivas en relación con todo el alumnado, evitando siempre la consideración del fracaso en el aprendizaje como si fuera algo natural, y también la idea de que hay escolares destinados al fracaso en ciencias por razones biológicas, psicológicas o sociales.
- Valorar lo que el alumnado hace bien y destacar sus aciertos; aceptar sus errores, utilizarlos para detectar dificultades y valorarlos como fuente de aprendizaje, estimulando su superación. Todo ello puede considerarse un buen conjunto de actuaciones que ayuden a superar el «yo no sirvo para las ciencias» de ciertos alumnos.
- Evitar un trato discriminatorio hacia las chicas, que infravalore sus posibilidades e intereses hacia el conocimiento científico con respecto a las posibilidades e intereses de los chicos, e intentar que no se vean condicionados por las supuestas «profesiones masculinas».
- Buscar formas de motivación del alumnado que se relacionen más con el placer que supone mejorar la propia capacidad de comprensión y resolución de problemas, con el interés de participar en determinados tipos de actividades o tareas, o con la funcionalidad de los aprendizajes y no tanto con la búsqueda de recompensas –notas– o con la mera exhortación a estudiar.
- Prestar atención a la propia actitud a la hora de impartir las clases: tono, postura, movilidad dentro del aula, organización del tiempo, implicación personal en lo que se trabaja, variedad de propuestas didácticas y metodológicas..., son aspectos que resultan fundamentales para mejorar la dinámica del aula. Debemos tener una actitud coherente con los valores científicos que enseñamos.
- Dar a la evaluación una dimensión de ayuda personalizada para que todo el alumnado alcance sus objetivos y evitar su utilización como clasificadora de aptos y no aptos. Es igualmente importante dar informaciones permanentes al alumnado para que puedan autoevaluarse, alcanzando actitudes de mayor autonomía y seguridad.
- Evitar las estructuras de clase rígidas, que dificultan las relaciones entre alumnado y profesorado y también entre los mismos escolares.
- Marcar las pautas cuando sea necesario, pero ser suficientemente flexible si la ocasión lo requiere.

Ejemplificación del criterio: área de lengua

Este criterio posee un papel relevante en la dinámica de la clase de lengua, ya que todas las intervenciones dirigidas a potenciar la aceptación, la seguridad y la confianza entre todo el alumnado del grupo-clase ayudarán a aumentar el nivel de relación, participación y comunicación, que es, en definitiva, el gran objetivo de la lengua.

Enumeramos algunas actuaciones que pueden favorecer este clima relacional:

- Trabajar para que se tome conciencia de que la lengua es algo vivo y útil que nos permite hablar, jugar, aprender, estudiar, inventar historias, explicar chistes..., es contribuir a establecer una relación más cercana entre los aprendices y lo que han de aprender. Algo muy común y muy contradictorio de la clase de lengua es que a menudo no se permite que el alumnado hable y se comunique, o no se le deja espacio para que lo haga. Organizar el aula y el trabajo de manera que permita la comunicación entre compañeros, y tener una actitud de tolerancia respecto a la movilidad y la falta de silencio, ayudarán a ello.
- Valorar la capacidad lingüística de cada escolar de una manera global, considerando todos los aspectos que intervienen en ella. A veces podemos encontrarnos con escolares que saben desarrollar las ideas, que tienen cosas que decir, pero que cometen una gran cantidad de faltas de ortografía, o con escolares capaces de escribir un texto correctamente por lo que respecta a la forma, pero pobre en cuanto al contenido.
- Valorar los aspectos positivos, lo que se sabe hacer o lo que se hace mejor, provoca externamente una sonrisa de satisfacción que ayuda a mejorar el ambiente general y, sobre todo, a aumentar la autoestima personal del alumnado. También es importante, sin embargo, ayudarles a aceptar los errores y darles las herramientas para poderlos detectar y las vías para mejorarlos.
- Considerar la lengua como un aprendizaje lento y progresivo ante el que el profesorado se ha de situar no sólo como transmisor de conocimientos, sino como guía y conductor de los aprendizajes, a veces como coordinador o supervisor. Es bueno que el aprendizaje de la lengua sea entendido de esta manera también por el profesorado de otras materias, ya que a menudo nos encontramos con escolares que no tienen éxito en una materia porque no dominan suficientemente el instrumento de la lengua.
- Planificar intervenciones y buscar estrategias para conseguir una mejor integración de todo el alumnado al grupo-clase.

Presentamos un ejemplo real del conjunto de actuaciones realizadas en un aula con el objetivo de favorecer la integración de un chico y modificar el clima de la clase, ya que se veía muy condicionado por la mala relación del grupo con él. Es un niño de 10 años, al que llamaremos Gerard, con un atraso global, poco autónomo, muy inseguro y con muchas dificultades a la hora de relacionarse, que muestra siempre un tipo de contacto con el resto de la clase poco amable, por lo que es rechazado por sus compañeros y compañeras.

La actuación se organizó de acuerdo con una doble vertiente. La primera fue dirigida al alumno, con el objetivo de potenciar su autoestima, su autonomía y su seguridad. Esto implicó mantener una posición constante de equilibrio entre la ayuda y la exigencia, realizar numerosas reflexiones y provocar que él las hiciese para darse cuenta de sus propios valores y de los valores de sus compañeros y compañeras, negociar y llegar a compromisos, desarrollar un seguimiento, valorar públicamente sus actitudes positivas... Como resultado, Gerard fue capaz de ir mejorando poco a poco su relación con los demás.

La otra vertiente del trabajo se dirigió al grupo-clase, potenciando en el alumnado la tolerancia y el respeto a las diferencias y peculiaridades de los demás. Este trabajo presentó una parte más general a partir de charlas, debates y actividades diversas que giraban en torno a los valores de la amistad, la tolerancia y el respeto a la diversidad. Pero también se presentó un trabajo muy concreto de apoyo a la integración de Gerard, basado en el trabajo con grupos pequeños, haciéndole pasar por grupos diversos para que todos aprendiesen a convivir con él, y él fuera cambiando de grupo y de compañeros y compañeras.

En cada caso, se hizo un seguimiento específico de la marcha de estos grupos, con atención individualizada cuando se necesitaba y valoraciones colectivas. También se promovió que algunos alumnos de diferentes grupos pudieran realizar tareas de tutor sobre Gerard.

Esta doble vertiente se fue adoptando paralelamente, y tuvo como resultado una mejora progresiva de la situación: la imagen de Gerard fue variando para él mismo y para los demás, y pasó a ser mejor aceptado por el grupo, las relaciones cambiaron y todo ello contribuyó a mejorar la dinámica global del grupo.

Ejemplificación del criterio: área de matemáticas

Muchos escolares se enfrentan a las actividades y tareas del área con un convencimiento muy marcado de que «no sirven para las matemáticas». Algunos ejemplos de actuaciones que pueden ayudar a hacer que revisen poco a poco este convencimiento y tengan un mejor concepto y valoración ante sus posibilidades de aprendizaje del área son las siguientes:

- Destacar siempre los aciertos del alumnado, no solamente los errores, y buscar y hacer explícitas las razones de estos aciertos. Esto permite, por una parte, que el alumno o la alumna tenga la experiencia de éxito académico en la materia y pueda entonces cuestionar, lentamente, el hecho de percibirse como incompetente ante los contenidos matemáticos, y por otra, que reduzca la visión del profesor o la profesora como «alguien que me va a juzgar» y vaya pasando, poco a poco, a verle como «alguien que me puede ayudar».
- Valorar positivamente aspectos como la presentación formal del trabajo, a veces minusvalorados en relación con otros criterios nucleares en el área, pero que puede servir como «asas» a las cuales los alumnos pueden agarrarse para empezar a tener una confianza mayor en sí mismos y como paso previo para esforzarse en otros aspectos y cuestiones.
- Explicitar ciertos elementos del *contrato didáctico implícito*. Por ejemplo, puede mejorar significativamente el rendimiento del alumnado en una prueba si se le propone, tras llevar a cabo un trabajo de la unidad, que elabore dos listas en clase: «qué tenemos que saber» y «qué tenemos que saber hacer» y las ponga en común. La puesta en común de este trabajo, leyendo sus propuestas y comentándolas globalmente, suele ser muy productiva.

- Si desea ganarse la confianza de los alumnos, el profesor debe tener clara la tarea que les propone y haber analizado previamente las dificultades y las posibles carencias para llevarla a cabo. Cuando los alumnos no consiguen realizar lo que se les propone, hay que plantearse si se debe más a las dificultades de la propuesta que a las carencias del alumnado.
- Otro elemento importante que puede influir en la confianza es presentar temas que los alumnos y las alumnas puedan relacionar mínimamente con su experiencia personal. En este sentido, unidades de programación como «Sol y Tierra», «Medir para conocer» o «Casa y territorio», permiten iniciar un trabajo globalizado en el que el alumnado puede basarse en, o como mínimo referirse a, cosas que les pueden resultar familiares como punto de partida para el trabajo matemático.
- La valoración de los materiales elaborados por los alumnos para exponerlos en clase –murales que recojan fórmulas variadas, cuadros de equivalencia del sistema métrico decimal..., por poner dos ejemplos–, también puede ser un elemento de integración de la tarea de algunos de ellos en la clase, y se puede aprovechar con la finalidad de incrementar los vínculos entre el alumnado y la materia.

C2. Proponer tareas que puedan ser planificadas, desarrolladas y evaluadas de una manera relativamente autónoma por el alumnado

En la presentación de un criterio anterior (véase el apartado A4 en la página 61) se ha comentado con cierto detalle la importancia, desde una perspectiva constructivista de los procesos de enseñanza y aprendizaje, de conseguir que el alumnado sea cada vez más autónomo en el dominio y utilización de lo que van aprendiendo, y cada vez más capaces de autorregular su propio aprendizaje. También se hablaba, en la presentación de aquel criterio, de la pertinencia, desde la perspectiva de la respuesta a la diversidad del alumnado, de formas de actuación que favorezcan la disminución progresiva de la ayuda y refuerzo al aprendizaje por parte del profesorado y la absorción, también progresiva, de una mayor autonomía en el aprendizaje por parte del alumnado.

El criterio que ahora se presenta responde a esta misma lógica de fondo. En este caso, sin embargo, se señala la importancia, desde el punto de vista de la atención a la diversidad en el aula, de proponer tareas que puedan ser planificadas, desarrolladas y evaluadas de una manera relativamente autónoma por el alumnado.

Este tipo de tareas presentan varias ventajas en relación con de la atención a la diversidad del alumnado, tanto desde el punto de vista del alumnado como desde el punto de vista del profesorado. En primer lugar, permite a los alumnos personalizar las actividades que realizarán, incorporando así elementos que pueden relacionarse más fácilmente con sus preferencias e intereses, o con aquellos aspectos con los que se encuentran más cómodos o se sienten más competentes. En segundo lugar, ofrece la posibilidad de ajustar el nivel de ejecución y de dificultad final, de manera que diferentes alumnos y alumnas pueden trabajar en una misma tarea a pesar de que lo hagan con grados de profundización diferentes. Además, el hecho de disponer de la posibilidad de optar y decidir es, en sí mismo, algo que puede favorecer su motivación, en el sentido de que les permite trabajar –por lo menos hasta cierto punto– en tareas que no sienten como impuestas, sino que pueden verse como propias. Esto puede resultar especialmente importante en el alumnado que muestra un grado de rechazo considerable a las tareas académicas más habituales y rutinarias.

Por lo que respecta al profesorado, estas tareas le ofrecen, entre otras, la posibilidad de disponer de más tiempo para la observación individualizada del proceso de trabajo de algunos alumnos y alumnas o de ofrecer ayudas más específicas en casos concretos, y pueden suponer una oportunidad para realizar intercambios más personales en un contexto más relajado que el de atención al grupo-clase global.

Estas ventajas, sin embargo, sólo serán posibles si el diseño y el desarrollo de estas tareas se realizan detalladamente, con la planificación pertinente y con los materiales de apoyo y recursos necesarios. En este sentido, la función del profesorado es programar adecuadamente estas actividades; asegurarse de que el alumnado tiene claros los objetivos de la tarea y lo que se le pide que haga; ofrecer los apoyos necesarios para aquellos escolares con más dificultades en los aspectos de planificación y autorregulación; realizar un seguimiento muy cercano de los diferentes alumnos y grupos –especialmente de aquéllos que se puede prever que tendrán más dificultades–; asegurarse de que la concreción del trabajo que hace cada uno o cada grupo no se pierde en aspectos anecdóticos y posibilita realmente el trabajo de lo que se pretende enseñar, y también asegurarse de que las metas que cada uno se plantea son, a la vez, alcanzables y relevantes; prever las posibles dificultades u obstáculos más comunes y disponer de materiales o recursos de ayuda apropiados; garantizar algún tipo de trabajo de síntesis final que permita a todo el alumnado beneficiarse de lo que han hecho sus compañeros y compañeras y ellos no... En otros términos, sólo una planificación y preparación muy precisa y detallada de lo que se quiere enseñar mediante estas actividades y lo que puede pasar en su realización, permitirá al profesorado el tipo de oportunidades de intervención flexible e individualizada que se señalaba hace poco, y permitirá al alumnado una adecuada implicación y participación en las tareas y un buen rendimiento.

Ejemplificación del criterio: área de ciencias experimentales

Se puede ilustrar el criterio con una propuesta de trabajo práctico de investigación, como por ejemplo «El estudio del agua del suelo» (Gené, 1990). Con este trabajo se pretende deducir qué características del suelo pueden favorecer la vida de las plantas. El alumnado empieza por emitir hipótesis en relación con esta cuestión, que pueden irse centrando hasta referirse a un único factor, como por ejemplo «la capacidad de retención del agua que posee un determinado suelo». Después han de diseñar un experimento para comprobar sus hipótesis, utilizando diferentes tipos de suelo que se les ponga a mano –arcilla, tierra, humus...–, extraer las conclusiones pertinentes del experimento y redactar una breve memoria. El trabajo se puede autoevaluar a partir de orientaciones, como por ejemplo que los grupos comprueben si los materiales del suelo estaban perfectamente secos, si han puesto la misma cantidad de cada uno de los tipos de suelo, si les han añadido la misma cantidad de agua, si han utilizado plantas del mismo tamaño, de qué manera han podido observar la retención del agua por parte de los diversos suelos, etc.

Otro ejemplo del criterio puede ser la construcción de una pequeña estación meteorológica para el centro (Albadalejo y Ginet, 1987-1988). El alumnado tiene que elaborar, por grupos, el proyecto de la construcción de un aparato, y efectuar con él la toma de datos de las magnitudes meteorológicas, su tabulación y análisis. Los aparatos pueden ser evaluados por ellos mismos a partir de criterios como el funcionamiento, la fiabilidad en las medidas, resistencia, originalidad, sensibilidad... que podrían salir de la propia discusión entre ellos, con los apoyos pertinentes.

Un último ejemplo puede ser un trabajo de investigación de plásticos conocidos para establecer una clave de identificación de acuerdo con sus propiedades físicas y químicas -densidad, dureza, comportamiento ante la combustión, etc.-. Una vez establecida la clave, el mismo grupo de alumnos y alumnas puede autoevaluarla, utilizándola para poder identificar un nuevo plástico desconocido proporcionado por el profesorado (Nicolson, 1987-1988).

Ejemplificación del criterio: área de lengua

Se puede ejemplificar el criterio mediante una propuesta de trabajo acerca del texto instructivo. El objetivo global del trabajo es que el alumnado sepa reconocer textos de este tipo y sea capaz de crearlos e interpretarlos.

La propuesta se basa en el uso de juegos de mesa -por ejemplo, tableros de juego como los publicados en algunas revistas infantiles y juveniles, juegos comerciales...-, que puedan ser desconocidos para el alumnado; también se pueden utilizar juegos conocidos, modificando sus normas. Previamente se habrá realizado el trabajo de presentación de las características del texto instructivo: modelos, rasgos característicos, estructuras lingüísticas, trabajo morfológico... Después pasaremos a explicar al alumnado el proceso que seguiremos y la organización.

La clase se divide en grupos, y cada uno de ellos elige un juego. Hay un espacio de observación y experimentación individual y se discute y se acuerdan cuáles son las reglas del juego. Tras llegar a un acuerdo, cada alumno y alumna escribe las instrucciones para enseñar a jugar al resto de personas. Las instrucciones elaboradas por los diferentes miembros del grupo se ponen en común y se elabora un único texto de instrucciones. Para hacerlo, además de acordar la redacción de las instrucciones concretas se ha de acordar también la estructura del texto en términos de apartados, como el nombre del juego, las edades adecuadas, el material necesario para jugar, número de jugadores, forma de inicio, etc.

Cuando cada grupo ha redactado su texto de instrucciones, los grupos se intercambian los juegos y las instrucciones, y empiezan a jugar.

Los compañeros y compañeras evalúan si es posible jugar siguiendo las reglas, si hay imprecisiones, aspectos que no queden suficientemente claros, etc. Si se presenta cualquier dificultad, falta información o las instrucciones están equivocadas, deberán anotarlo en un papel y entregarlo a los creadores de las instrucciones para que hagan las modificaciones pertinentes.

Ejemplificación del criterio: área de matemáticas

Un ejemplo de tarea que puede ilustrar el criterio es la propuesta al alumnado de dibujar un plano del centro. Desarrollarla requiere varias fases, desde hacer el croquis a mano alzada hasta tomar las medidas necesarias y realizar el plano. El trabajo se puede plantear por grupos, y el alumnado ha de planificar y decidir cómo resuelven las cuestiones implicadas: planificación, medidas, trabajo a escala, fases de realización, etc. En según qué casos se puede llegar a conseguir una maqueta –es más complicado, pero puede ser más entretenido–.

Una tarea de este tipo puede formar parte de varias unidades de programación del área, desde el trabajo del sistema métrico decimal en primer ciclo de ESO hasta el trabajo relacionado con triángulos y trigonometría en segundo ciclo de ESO, por poner dos ejemplos.

C3. Ofrecer al alumnado la posibilidad de participar en el proceso de elección/selección de las actividades que se van a desarrollar

La posibilidad de que los alumnos tengan cierto nivel de decisión sobre alguna o algunas de las actividades que van a desarrollar durante el trabajo habitual, puede resultar particularmentepositiva desde el punto de vista de la respuesta a la diversidad por varias razones, relacionadas tanto con la motivación y el interés del alumnado por la tarea que se va a realizar como con sus posibilidades de abordarla con éxito.

Desde el punto de vista de la motivación y el interés del alumnado, la posibilidad de tener un cierto grado de decisión sobre las actividades que se realizarán puede contribuir decisivamente a hacer que sientan y vivan las tareas escolares como propias y no como impuestas o externas. Esto puede favorecer, por un lado, que se interesen por las actividades que han escogido de una manera intrínseca, porque realmente les motivan y las encuentran atractivas, y, por otro lado, que puedan experimentar una cierta sensación de autonomía, de hacer algo que quieren hacer y de tener control sobre su propio aprendizaje. Ambos aspectos, motivación intrínseca y experiencia de autonomía son, según los conocimientos actuales sobre la motivación en el aprendizaje escolar, dos factores fundamentales con vistas a la mejor y mayor implicación y participación del alumnado en este aprendizaje.

Por lo que respecta a la posibilidad de éxito en la realización de las tareas, la elección/selección de actividades por parte del alumnado puede favorecer que encuentren tareas que, en cada caso, les parezcan retos abarcables, lo suficiente alejados de sus conocimientos y posibilidades para que resulten problemas cognitivamente interesantes, y, al mismo tiempo, lo suficiente cercanos para que puedan ser resueltos efectivamente. Este *desequilibrio óptimo*, entre lo que los diferentes alumnos y alumnas saben y lo que se les propone hacer y aprender, es un elemento esencial para un aprendizaje que pueda aspirar a ser significativo y a ir más allá de la memorización mecánica y sin comprensión.

Que la elección/selección por parte del alumnado de algunas de las actividades para hacer tenga efectos favorables depende, en buena medida, de dos cuestiones relacionadas con el trabajo del profesorado y la manera como plantea y conduce esta elección/selección. En primer lugar, depende de hasta qué punto tiene bien establecidos y delimitados los objetivos que pretende alcanzar y los contenidos que pretende enseñar, de manera que se asegure de que la diversidad de actividades y tareas que el alumnado pueda escoger o diseñar realmente contribuye, en los diferentes casos, al aprendizaje esperado. Es decir, se trata de disponer de una buena oferta inicial de posibilidades de actividades y tareas –si lo que el alumnado ha de hacer es seleccionar una de ellas– o de unos criterios didácticos muy claros sobre qué características deben tener las actividades que el alumnado pueda proponer para desarrollar –si sugieren ellos mismos las actividades posibles–.

En segundo lugar, el profesorado debería realizar cierto seguimiento del proceso de toma de decisiones del alumnado, dando pautas y pistas para ayudar a que valoren por ellos mismos sus propuestas, y eventualmente entrar en un proceso de negociación y de concreción exacta de las ideas que tienen. Este seguimiento y negociación es el que ha de asegurar que el alumnado no elija por elegir, que no propongan simplemente las actividades que puedan creer más fáciles o con menos cantidad de trabajo, etc. En este sentido, hay que recordar que el proceso de toma de decisiones por parte del alumnado es también algo que hay que trabajar educativamente, y que probablemente requiere un aprendizaje relativamente largo y el apoyo y ayuda pertinentes. Por eso mismo, puede ser interesante y necesario establecer también una gradación progresiva en relación con este criterio, y no enfrentarles directamente con una situación en la que tengan que inventarse completamente lo que quieren hacer, sino más bien empezar por procesos de decisión más cerrados y pautados y avanzar poco a poco hacia situaciones con mayor margen de decisión y de responsabilidad.

Ejemplificación del criterio: área de ciencias experimentales

Entre las actividades de ciencias experimentales en la ESO, nos podemos encontrar con algunas que permiten al alumnado participar en su elección o selección.

Una estructura de organización docente que permite a los alumnos escoger parcialmente las actividades consiste en mantener unas actividades básicas comunes a todo el grupo-clase y otras optativas. Estas últimas pueden referirse a trabajos en grupo, donde la elección de los roles y de las tareas para desarrollar por los componentes del grupo resulta fundamental. En estos trabajos se da rienda suelta a la creatividad del alumnado y suelen resultar motivadores. La búsqueda de ejemplos en la vida cotidiana que ilustren las temáticas científicas es otra actividad que les obliga a fijarse en su entorno immediato y en la que pueden escoger los ejemplos que consideren más idóneos. Los trabajos de búsqueda de información también pueden utilizarse para ofrecer al alumnado la posibilidad de elegir. Un trabajo, con prensa o Internet, de divulgación científica, por ejemplo, permite la selección de artículos y, a veces, de la temática para investigar –domótica, lluvia ácida, nuevas energías, biodiversidad...–. La elección de un libro de lectura para trabajar el contenido científico –de ensayo científico, novela científica, ciencia ficción...– puede ser otro ejemplo de libertad de elección que, además, admite el trabajo conjunto con el área de lengua– y fomenta a la vez el gusto por la lectura y por la ciencia entendida como cultura.

Los trabajos prácticos también representan una buena ocasión para que se permita la participación del alumnado en la elección del tema, del método y del tipo de tratamiento de los resultados. También se les puede proponer que escojan las prácticas que quieren hacer de entre el abanico que se les propone para un mismo tema. La confección de un trabajo manual –estratos geológicos, modelos moleculares– puede admitir diferentes materiales y formas de realización.

Acontecimientos de relevancia científica, como por ejemplo los premios Nobel, permiten al alumnado escoger temáticas –vida del personaje, descubrimientos más importantes, fundamentos científicos, consecuencias sociales...– y fuentes de información –Internet, artículos de revistas, fotografías, vídeos científicos...– que se pueden utilizar, por ejemplo, en la confección de un mural o de una exposición interactiva en el centro.

Finalmente, las actividades de evaluación también pueden dar lugar a la selección por parte del alumnado si se plantean de una manera suficientemente abierta. Por ejemplo, se pueden pactar las preguntas con los alumnos o dejar que algunas de las cuestiones de un control puedan ser del tipo «plantea tú mismo o misma una pregunta relacionada con esta temática y respóndela». Esto les dará la posibilidad de explicar lo que conocen sobre un tema concreto y que nosotros no les hemos preguntado.

Ejemplificación del criterio: área de lengua

Hay muchas actividades cotidianas de la clase de lengua que requieren cierto grado de elección por parte del alumnado: la selección de un libro de lectura, el tema de un debate o de una exposición oral, a quién dirigir un texto comunicativo, a quién entrevistar o el objetivo de una encuesta. Este grado de elección seguramente favorecerá la motivación y el interés del alumnado que sentirá la actividad como propia. Hay que tener presente que un elemento esencial, en el proceso de escritura del alumnado, es que descubra el placer de escribir. Dejar que en muchos momentos escriba sobre lo que le apetece, o en el momento que le apetece, supondrá que disfrute más y que aumente su aprecio por la escritura; por tanto, aquí la elección tiene un papel decisivo.

Podemos hablar también de otras actividades que suponen una organización más global, pero que proporcionan un buen ejemplo de situaciones en las que el alumnado puede escoger la actividad en la clase de lengua. Nos referimos a la organización de la clase por talleres o al trabajo por proyectos, que incluyen la posibilidad de participar en la elección o selección de actividades de una manera permanente.

Así, por ejemplo, una actividad extensa de escritura como la confección de un libro, planteado como proyecto colectivo, supondrá una serie de actuaciones en las que el alumnado deberá tomar muchas decisiones y opciones. Además de los objetivos que nos planteemos, el alumnado inicialmente deberá conocer el género literario que se proponga, y también la técnica narrativa más usual... Después podrán elegir aspectos como el tema, el argumento, los personajes, el lugar, el estilo...

Algunos trabajos interesantes que, por un lado, favorecen el trabajo cooperativo y, por otra, permiten un trabajo individual de libre elección son:

- La creación de una antología de relatos, historias o aventuras de un mismo protagonista. Previamente se habrá definido colectivamente el perfil del personaje (físico, carácter, qué clase de cosas le pasan) y después, siguiendo las pautas de los acuerdos tomados, cada alumno o alumna imaginará y escribirá su propia historia.
- La creación de una novela del tipo «escoge tu aventura» donde, después de acordar los rasgos generales comunes y escribir una presentación colectiva, el alumnado, por pequeños grupos o individualmente, puede crear una secuencia, o más de una, y dar un desenlace propio a la novela.

Vemos cómo es posible proporcionarles este protagonismo sin olvidar, sin embargo, que el profesorado tiene un papel de seguimiento y coordinación imprescindible para el buen desarrollo de las actividades.

Ejemplificación del criterio: área de matemáticas

A pesar de que el criterio puede parecer difícil de ilustrar en las clases de matemáticas, hay algunas posibilidades relativamente fáciles de utilizar. Un primer ejemplo se relaciona con el trabajo en grupo. Según la tarea propuesta, los diferentes participantes del grupo pueden adoptar papeles diferentes correspondientes a pequeñas tareas o responsabilidades concretas. Así, por ejemplo, en una unidad de programación como «Sol y Tierra», en la que se plantea una tarea de observación y registro regular durante muchas horas de un día de la sombra producida por una meridiana (palo vertical), podemos encontrarnos con un alumno o alumna que vigile el tiempo; otro, el registro; un tercero, la situación y control de la meridiana, etc. De esta manera, aunque la responsabilidad de la tarea es compartida por todos los miembros del grupo, la manera de participar permite cierta elección.

Igualmente, en puntos concretos del desarrollo de algunas unidades es posible plantear posibilidades de opción. Por ejemplo, en el trabajo con áreas en primer ciclo de ESO se pueden diversificar las actividades en el sentido de que haya alumnos o alumnas que opten por elaborar un trabajo de recogida y ampliación de fórmulas de áreas geométricas planas, otros que se dediquen a calcular o comprobar mediante triangulaciones las áreas de regiones reproducidas en un mapa –por ejemplo, las comarcas de Cataluña–, otros que lo hagan con colecciones de figuras más sencillas que puede preparar el profesorado, etc. Las diferentes características de los tres tipos de tareas pueden, además, enriquecer una posible puesta en común posterior de las diferentes actividades.

C4. Emplear sistemáticamente estructuras de trabajo cooperativo en el aula

Se da el nombre de *estructuras de trabajo cooperativo* a aquellas situaciones de trabajo, habitualmente en grupos pequeños de alumnos y alumnas, en las que la resolución de las tareas, la consecución de los objetivos que se persiguen y la obtención de recompensas por el trabajo realizado por parte de cada alumno o alumna están relacionadas con las del resto de miembros del grupo. En otros términos, podemos hablar de trabajo cooperativo cuando el éxito personal pasa por el éxito del resto de compañeros que forman parte del propio grupo de trabajo –justamente lo contrario de lo que sucede en las situaciones competitivas, donde el propio éxito pasa, necesariamente, por el fracaso o la derrota de los demás–.

La investigación psicológica y educativa de los últimos años ha mostrado la eficacia de estas situaciones como favorecedoras del aprendizaje escolar. En efecto, estas situaciones pueden contribuir a iniciar toda una serie de procesos, algunos de tipo motivacional y otros de carácter más estrictamente cognitivo, que posibilitan una reestructuración significativa de los conocimientos del alumnado y, en definitiva, un mejor rendimiento académico.

Sin entrar en detalle en la descripción de estos procesos, lo que interesa señalar ahora es que estas situaciones pueden considerarse, de igual manera, particularmente adecuadas para responder a la diversidad del alumnado, por diversas razones. Por un lado, porque en muchos casos suponen un tipo de trabajo que les resulta intrínsecamente interesante y motivador, en particular para los que tienen más dificultades con otras formas de trabajo y que obtienen peores resultados cuando trabajan individualmente. Por otro lado, porque este tipo de trabajo permite que los alumnos con más facilidad o rapidez en el aprendizaje de determinados contenidos puedan ayudar a los que tienen menos, en un proceso de tutoría entre iguales que puede llegar a ser beneficioso para todos los participantes: los *tutorizados* porque reciben una ayuda añadida y a veces más próxima y continua que la que le puede proporcionar el profesor o la profesora, y los *tutores* porque tienen que realizar un esfuerzo suplementario de clarificación y explicitación de sus conocimientos que les puede suponer, en definitiva, una mejoría cualitativa de éstos. Además, el trabajo en pequeños grupos cooperativos puede facilitar la diversificación y la adaptación de tareas y actividades, posibilitando un tipo de clase en la que los distintos alumnos y alumnas trabajen de acuerdo con ritmos y tareas diferentes, más adecuados para sus posibilidades en cada caso. Finalmente, las situaciones cooperativas suelen dar lugar a un tipo de trabajo más autónomo y autorregulado por parte del alumnado, con todas las ventajas que ellos comporta, como se ha señalado en otros criterios –véanse fundamentalmente los criterios A4 y C2–, desde el intento de responder a la diversidad del alumnado.

Por otra parte, hay que realizar algunas precisiones adicionales para una correcta interpretación de este criterio. En primer lugar, y como debería quedar claro a partir de la definición que se ha formulado del trabajo cooperativo, hay que señalar que las situaciones en las que alumnas y alumnos trabajan en grupo pequeño no son todas cooperativas y que, por tanto, estructurar situaciones de este tipo no quiere decir simplemente poner a los alumnos a trabajar juntos en grupos; se necesita un tipo de tarea que cumpla el criterio de interdependencia positiva entre las metas de los participantes y un tipo de evaluación que mantenga este criterio. Una labor de grupo en la que no se requiera realmente la colaboración de todos los miembros, en la que los alumnos no sientan y sepan que el resultado del grupo depende realmente de su aportación, no supone una situación cooperativa.

En segundo lugar, el criterio no hace ningún tipo de referencia a que los grupos de trabajo cooperativo deban estar formados por alumnos de un mismo nivel de conocimientos y capacidades en relación con la actividad o la tarea que se trate de llevar a cabo. Afirmar que el trabajo cooperativo en pequeños grupos puede facilitar la diversificación y adaptación de las tareas y las actividades, posibilitando un tipo de clase en la que los distintos alumnos trabajen de acuerdo con ritmos y tareas diferentes, más adecuadas a sus posibilidades en cada caso, no quiere decir necesariamente agruparlos por su nivel de conocimientos y proponer tareas de distinta dificultad y complejidad en cada caso, aunque ésta sea una posibilidad. Como principio, el trabajo cooperativo se puede realizar entre alumnos tanto relativamente homogéneos como relativamente heterogéneos, y cada posibilidad que tiene sus ventajas y sus inconvenientes. En cualquier caso, hay que recordar que el agrupamiento de alumnos y alumnas heterogéneos en cuanto a intereses, motivaciones, capacidades y conocimientos, tiene que considerarse el agrupamiento ordinario y habitual de trabajo en cualquier etapa educativa obligatoria.

En tercer lugar, también es necesario destacar que el trabajo cooperativo requiere un conjunto de procedimientos, actitudes, valores y normas por parte de los alumnos que requieren un proceso de enseñanza y aprendizaje, y que no se puede esperar que se establezcan espontáneamente. Por tanto, se deben considerar también estos aspectos como contenidos educativos, y asegurar su aprendizaje por parte del alumnado dedicándole el tiempo necesario. De aquí la referencia en el enunciado del criterio a la utilización sistemática y continua de este tipo de trabajo. Difícilmente se puede pretender que dominen adecuadamente las habilidades y destrezas necesarias para trabajar en grupo si solamente lo practican de vez en cuando, y entonces difícilmente se puede pretender que este tipo de trabajo sea un éxito.

Para acabar, hay que señalar que el empleo del trabajo cooperativo no significa, en absoluto, una disminución del papel y de la importancia del profesorado en lo que sucede en el aula. Todo lo contrario, el trabajo cooperativo en el aula siempre cobra sentido en el marco del tipo de planteamiento de la actividad que haya realizado el profesor o la profesora, y del significado y el lugar que ocupa en el conjunto de actividades y tareas que se realizan alrededor de un determinado tema o contenido. Desde esta perspectiva, la planificación cuidadosa del trabajo por parte del profesorado, y el seguimiento que realice de éste durante la actividad, resultan esenciales para el buen funcionamiento de este tipo de situaciones.

Ejemplificación del criterio: área de ciencias experimentales

Una primera actividad que puede ilustrar este criterio adopta la forma de un trabajo en el que cada miembro del grupo aporta sus conocimientos a la resolución de la tarea global. Por ejemplo, supongamos que se pretende que los alumnos y alumnas conozcan los componentes básicos de un circuito eléctrico sencillo y los esquematicen empleando la simbología adecuada (Fornos e Inglada, 1990).

Para hacerlo, se crean grupos de parejas de alumnos –A, B– que efectuarán un trabajo cooperativo.

Los alumnos y alumnas A empezarán a trabajar, sobre un símil hidráulico, los componentes básicos de un circuito y sus funciones, con la ayuda del cuestionario

1A. Paralelamente, los alumnos y alumnas B trabajan los estados del circuito -abierto y cerrado- con el cuestionario 1B. Después realizan una puesta en común con la resolución conjunta del cuestionario 1AB, con la ayuda de material adicional.

Más adelante, los alumnos y alumnas A trabajarán el cuestionario 2A, sobre el proceso de comprensión del conmutador, y los alumnos y alumnas B el cuestionario 2B de ampliación de conocimientos. Al acabar realizarán la puesta en común y resolverán conjuntamente el cuestionario 2AB, con la ayuda del material adicional pertinente.

Una segunda actividad que puede ilustrar este criterio es el desarrollo de un *role playing* donde la cooperación de los diferentes participantes es necesaria para encontrar la respuesta a un problema concreto que haya sido planteado. Un ejemplo puede ser un juego de rol sobre la temática «Contaminación y reciclaje de residuos» (Lozano, Mayós y Parejo, 1989).

La trama empieza planteando la problemática de los residuos de las playas de un pueblo de Girona y las quejas que provoca. El diputado del gobierno en Girona –personaje A– organiza una reunión para buscar un compromiso entre las partes implicadas. Éstas son: el alcalde del pueblo –personaje B–, un asesor científico procedente del mundo universitario –C– un miembro de una organización ecologista –D–, el director de una fábrica de los alrededores –E–, y el jefe de ventas de una fábrica de cosméticos establecida en el pueblo –F–.

La clase se divide en grupos de seis alumnos que se reparten el papel de los personajes y después disponen de unas tarjetas que los explicitan. Se deja un tiempo para preguntar dudas y preparar el propio rol antes de empezar la reunión.

El componente cooperativo del trabajo se relaciona con la necesidad de alcanzar un acuerdo detallado sobre el problema, escrito y firmado por cada miembro del grupo. Una vez realizadas las diferentes discusiones en grupo pequeño se pueden contrastar los acuerdos de los diferentes grupos en el grupo-clase y, eventualmente, buscar uno de ámbito general.

Un tercer ejemplo del criterio puede ser el proceso de realización, por parte del alumnado, de un vídeo didáctico sobre un tema concreto del área. Puede ser un trabajo interdisciplinario que incorpore tanto lo que se refiere a las técnicas audiovisuales como al contenido científico. Los diferentes roles implicados -guionistas, presentadores, documentalistas, técnicos...- han de ser asumidos por los miembros del grupo, y tanto las fases de producción -preproducción, producción y postproducción- como el producto acabado requieren la colaboración de todos y cada uno de los implicados.

Ejemplificación del criterio: área de lengua

El carácter social de la lengua hace que, en el marco de la clase en el área, se originen muchos momentos de trabajo cooperativo.

Muchas de las actividades orales poseen esta dimensión. El debate entre diferentes grupos es una buena muestra de ello, ya que cada grupo ha de analizar el tema en cuestión, preparar las argumentaciones, unificar criterios y defender la opción del grupo. Otro ejemplo puede ser el momento de la puesta en común de cualquier tipo de trabajo, ya que supone que los demás participen del trabajo realizado y extraigan sus propias conclusiones colectivas.

Es necesario que el trabajo colectivo se combine con el trabajo individual, ya que a menudo una actividad colectiva deja paso a un trabajo individual o viene precedida por él. Así, dentro de una unidad de programación sobre una tipología de texto donde se ha seguido un proceso de trabajo individual, es interesante incorporar alguna actividad de trabajo cooperativo en la que el alumnado realice simultáneamente un trabajo de producción, de revisión y mejora del escrito, y se acabe convirtiendo en una coproducción. Por ejemplo, si se ha de trabajar la descripción puede hacerse como actividad una última descripción colectiva, o bien por grupos, de un personaje, lugar o hecho conocido por todos. O bien una carta al director de un diario, sobre un tema real y cercano al alumnado, podría ser una de las actividades del trabajo sobre el texto argumentativo o expositivo.

También podríamos plantearnos toda una unidad de programación organizada como proyecto, que tenga como uno de los objetivos fundamentales el propio trabajo cooperativo. Podemos ejemplificarlo con el proyecto de creación de una obra de teatro para ser representada.

Es evidente que un trabajo de esta amplitud necesita tiempo, pero también es cierto que permite relacionar muchos de los contenidos trabajados, así como realizar un trabajo de textualización importante. Igualmente, es un proyecto que permite, además del trabajo del área de lengua, la globalización y la interdisciplinariedad entre áreas como el conocimiento del medio social y cultural –la historia–, la educación visual y plástica, la educación física o la educación musical. La planificación concreta del proceso dependerá del aprovechamiento o no de esta posibilidad.

En cualquier caso, después de haber estudiado y trabajado sobre el texto teatral, la obra de teatro, sus ámbitos, etc., se puede iniciar un trabajo de participación colectiva en la elección de la época, el lugar, los personajes y el esbozo del argumento. Una vez decididos estos rasgos generales necesitaremos una tarea colectiva de estudio de la época, con el fin de acercarnos a una serie de aspectos (clases sociales, vivienda, vestuario...) que deberán contribuir a la verosimilitud de la obra.

Después dedicaremos un tiempo a la planificación de todas las tareas y la organización de los diferentes grupos. El alumnado elegirá, en primer lugar, según sus intereses y/o capacidades, entre grupos como por ejemplo:

- Los guionistas, que deberán escribir el guión de la obra de acuerdo con las convenciones mínimas del género y con el estudio de la época escogida.
- Los escenógrafos, que se encargarán de los ambientes, de los escenarios y vestuarios, y de la posterior realización.

Y en segundo lugar tendrán que elegir entre grupos aspectos como:

- Los actores, que deberán aprenderse su papel y representarlo adecuadamente.
- Los técnicos de luz y sonido.
- El equipo coordinador, que se encargará de la coordinación del trabajo de los diferentes grupos y de la dirección de la obra.

A medida que los ensayos avancen y se vaya acercando la fecha de la representación, aparecerán también otras tareas, como la publicidad y difusión de la representación (carteles, tríptico con el reparto de actores, sinopsis de la obra, etc.).

Ejemplificación del criterio: área de matemáticas

El trabajo en clase de matemáticas debe poseer siempre la doble dimensión del trabajo individual y trabajo en grupo. En algunas ocasiones se puede fomentar que prevalezca el trabajo individual, pero es necesario que en el trabajo cotidiano de construcción de los conocimientos y resolución de tareas haya colaboración entre los compañeros. La manera de concretar este trabajo puede depender del carácter del grupo, de la organización del trabajo con otras materias, del momento del curso, del ambiente de trabajo que se pueda conseguir de una manera u otra..., pero es importante no descuidar el aspecto social que, desde siempre, ha tenido la construcción del conocimiento en matemáticas. Por otra parte, las dificultades que pueden tener algunos alumnos y alumnas en según qué tareas pueden superarse de forma más fácil si pueden seguir modelos de compañeros y compañeras.

Podría ser bueno, dentro de cada unidad de programación, ver cuáles pueden ser los momentos o las temáticas más adecuadas con la finalidad de proponer trabajos para realizar en grupo cooperativo. Por ejemplo, en el estudio del sistema métrico decimal puede ser de interés plantear por grupos la construcción con papel o cartulina de modelos de las diferentes unidades de área o de volumen. En el trabajo sobre semejanza en geometría, y si se plantean actividades fuera del aula para tomar medidas de alturas de edificios, de farolas, etc., también es adecuado proponer problemas específicos por grupos, y en este caso incluso se pueden distribuir responsabilidades diferentes entre los miembros de un grupo. Si se trata de un trabajo en el ámbito de la estadística también puede ser conveniente plantear diferentes cuestiones en grupos diferentes, y que después tengan que elaborar un informe para la clase.

Además de la realización de tareas y ejercicios de trabajo en grupos, la colaboración entre compañeros y compañeras puede establecerse también en el marco de actividades de base individual o de gran grupo, como los pequeños comentarios que pueden ir haciendo los alumnos y alumnas entre ellos mientras van realizando su dossier o la participación en las puestas en común del trabajo en las que hay un intercambio de estrategias, de concepciones y de interpretaciones que puede ser muy productivo. En este sentido, la colaboración entre el alumnado puede resultar compatible con la petición de una elaboración individual final del producto que se trate de realizar. Así, por ejemplo, se puede pedir el dossier o cuaderno del alumnado como resultado y reflejo individual de su participación en el trabajo de clase, pero su elaboración puede haberse enriquecido en el intercambio con los compañeros.

D1. Estructurar situaciones y formas de trabajo que posibiliten la confluencia simultánea de distintas tareas y ritmos de trabajo en un mismo momento

El modelo de trabajo más habitual en las aulas es aquel en el que todo el alumnado del grupo-clase está realizando una misma tarea –escuchar una explicación, resolver un ejercicio, elaborar una determinada ficha...– al unísono, y tienen el mismo tiempo para acabarla. Este modelo presenta ventajas evidentes desde el punto de vista de la gestión y control de la clase por parte del profesorado: es más sencillo gestionar y controlar lo que pasa si todo el alumnado realiza lo mismo al mismo tiempo, y si además lo han de hacer del mismo modo y en un tiempo similar.

Desde el punto de vista de la atención a la diversidad, sin embargo, este modelo supone un tipo de trato homogeneizador tanto de los alumnos como de las tareas, que dificulta la toma en consideración de las características, intereses y experiencias diferenciales que pueden tener los alumnos y alumnas. Contrariamente, una organización del aula donde diferentes alumnos puedan estar realizando tareas diversas en un mismo momento, o puedan disponer de un tiempo significativamente diferente para resolver una misma tarea, favorece una respuesta educativa mucho más flexible y diversificada, y que puede adaptarse mejor a la diversidad.

Entre las prácticas y recursos que pueden ejemplificar bien este tipo de organización hay algunas muy conocidas, y que poseen una importante tradición entre el profesorado tradicionalmente más preocupado por la mejora de la calidad de la enseñanza. El trabajo por rincones, los talleres, los proyectos o las estrategias de contrato son algunos ejemplos de ello. En muchos casos, éstas y otras prácticas que siguen el criterio indicado se apoyan sobre el uso sistemático del trabajo en pequeños grupos cooperativos por parte del alumnado, de manera que son estos grupos, más que el alumnado individualmente, los que desarrollan las diferentes tareas. Esto se relaciona, también en muchos casos, con una mayor autonomía por parte del alumnado en el desarrollo de las actividades y las tareas. Desde este punto de vista, son ellos mismos los que asumen buena parte de la responsabilidad de la gestión de la clase, de manera que la complicación añadida que supone para el profesorado la diversidad de tareas y ritmos se compensa, aunque sea parcialmente, por este rol más activo del alumnado y su mayor implicación.

En cualquier caso, la realización de este tipo de trabajo requiere una planificación muy detallada por parte del profesorado, tanto desde el punto de vista de los objetivos que deben alcanzarse como desde el punto de vista de las posibles actividades, del diseño de materiales de apoyo para el trabajo del alumnado y del seguimiento de lo que realizan. La planificación de los objetivos resulta especialmente necesaria para asegurar que la diversidad de tareas y ritmos no conlleve que algunos alumnos y alumnas no alcancen los aprendizajes mínimos que se trata de realizar. La previsión de las posibles actividades lo es, atendiendo a que, de hecho, un trabajo que respete este criterio supone disponer de un banco de actividades bastante amplio y variado para los diferentes alumnos y alumnas. El diseño de materiales de apoyo para el trabajo del alumnado es necesario porque el profesorado no podrá dedicarse permanentemente a cada uno de ellos o ellas o de los grupos ni a todas las tareas, y será necesario un volumen de trabajo autónomo por parte del alumnado mayor de lo habitual, pero que requiere igualmente la guía y el apoyo del profesorado, que entonces puede realizarse a través de este material. Finalmente, el componente de seguimiento del trabajo del alumnado es esencial en este tipo de estructuración de la clase, y se verá enormemente favorecido si hay algunos criterios previos sobre qué, cuándo y cómo ir siguiendo y valorando cada una de las tareas en las que se implique.

Ejemplificación del criterio: área de ciencias experimentales

Se presentarán tres ejemplos sencillos del criterio, que ilustran fundamentalmente formas de trabajo cooperativo que permiten una diversificación de las actividades y tareas que realiza el alumnado en torno a un mismo objetivo.

El primer ejemplo utiliza trabajos similares que tienden a alcanzar el objetivo didáctico de que el alumnado reconozca algunos fósiles y su hábitat.

Se puede dividir la clase, por ejemplo, en seis grupos y encargar a cada uno que estudie las características de un tipo de fósil: conchas univalvas de forma espiral, conchas bivalvas, conchas espirales con septo, etc. Mediante una clave de identificación, los grupos pueden identificar la clase: moluscos, gasterópodos, lamelibranquios, cefalópodos... Con la ayuda de muestras o imágenes de fósiles pueden localizar sus representantes actuales: ostras, nautilos... Con información bibliográfica pueden localizar el entorno biológico: mar, orilla del mar, profundidades del océano... Una vez acabadas las diferentes actividades, pueden ponerse en común todas las informaciones para concebir un hábitat epicontinental litoral y con arrecifes.

El segundo ejemplo presenta tres trabajos diferentes con objetivos complementarios que, una vez puestos en común, pretenden determinar las características que influyen en la velocidad de los mamíferos.

El trabajo 1 tiene como objetivo comprender la importancia de la flexibilidad de la columna vertebral, y supone observar material visual y bibliográfico sobre el caballo y el guepardo, para que el grupo demuestre cuál de los dos es más rápido y por qué. El trabajo 2 tiene como objetivo comprender la importancia de la relación entre peso y tamaño, y supone un trabajo comparativo parecido entre el lobo y el rinoceronte. El trabajo 3 tiene como objetivo comprender la influencia de la resistencia en largos recorridos, y supone la comparación entre el reno y el dromedario. Al final se puede realizar una síntesis colectiva para deducir conjuntamente los factores implicados en la velocidad.

El tercer ejemplo se refiere a un trabajo dirigido a la diferenciación entre la reproducción ovípara y la vivípara. Se pueden emplear varias tareas con objetivos complementarios, que los alumnos pueden realizar en forma de pequeños proyectos, según sus posibilidades de realizar visitas fuera del centro. La tarea 1 consiste en recoger información y hacer diapositivas de una granja avícola para informar a los compañeros y las compañeras sobre cómo se obtienen los pollos. La tarea 2 supone recoger información en un zoológico acerca de la reproducción de los vertebrados superiores. La tarea 3 pide que se recoja información en un estanque sobre la reproducción de las ranas, e imaginar cómo podría ser la de un animal vivíparo como un jabalí. La tarea 4 consiste en ver un vídeo acerca de la reproducción del jabalí e imaginar cómo sería la de un ovíparo como la rana. A lo largo de los distintos trabajos se necesitará más o menos apoyo bibliográfico, así como la intervención del profesorado. Además, si se plantean de forma bastante abierta y se distribuyen adecuadamente las tareas en subtareas, cada grupo y cada alumno en el interior de cada grupo podrá estructurar sus propios ritmos de trabajo. Las tareas permiten realizar una puesta en común final complementando mutuamente las conclusiones de los distintos trabajos.

Ejemplificación del criterio: área de lengua

Se puede ejemplificar el criterio mediante una experiencia real de trabajo por talleres en el área de lengua, desarrollada en una escuela de primaria. Concretamente, y simplemente como ejemplo, se presentarán los talleres desarrollados en ciclo medio.

Se han organizado cuatro talleres: «Somos periodistas» (trabajo de expresión escrita y, más concretamente, de la noticia), «Biblioteca» (lectura y comprensión lectora), «Juegos de ordenador» (léxico y ortografía), «Teatro» (expresión oral). Por como están estructurados algunos de estos talleres suponen un proceso con distintas actividades, lo que exige que los alumnos y las alumnas sigan en el mismo taller durante varias sesiones. Al final de un conjunto de sesiones de talleres separados, se lleva a cabo una sesión conjunta de planificación en la que cada grupo organiza todo el trabajo hecho, y se prepara para la sesión de puesta en común. En esta sesión, y mediante un supuesto televisor, los periodistas leen sus noticias, los de la biblioteca recomiendan libros, los de juegos de ordenador proponen algunos a los compañeros (descripciones, definiciones, juegos de letras...) y los actores hacen sus representaciones.

Evidentemente, algunos de estos talleres son bastante autónomos y permiten una intervención más directa del profesorado en los demás o en aquellos alumnos que más lo necesiten. Hay que decir también que el material y las propias actividades tienen grados de dificultad diversos –por ejemplo, los libros del taller de biblioteca, las noticias-modelo del taller de periodismo o los juegos de ordenador–.

Ejemplificación del criterio: área de matemáticas

En los niveles de ESO, un sistema de trabajo en el área que permitiría la confluencia que propone el criterio podría pasar por plantear, como uno de los ejes vertebradores del trabajo, la elaboración de un cuaderno o dossier de clase que cada alumno y cada alumna puede ir elaborando con cierta autonomía con sus compañeros cuando se plantee un trabajo por grupos.

El papel del profesorado en un sistema de este tipo es distinto del habitual, y requiere mucha preparación en el sentido de que los alumnos y las alumnas sepan qué se les pide que hagan, es decir, que tengan claro qué actividad van a llevar a cabo. La actividad del profesor o la profesora puede ser, entonces, de ir pasando entre las mesas con un doble objetivo: recoger información sobre las dificultades y los problemas con que se encuentran los alumnos, y hacer intervenciones particulares para desbloquear a los que puedan estar parados.

Si se quiere rentabilizar al máximo este tipo de clase conviene:

- Haber llevado a cabo un análisis a priori sobre las dificultades que pueden plantearse en la tarea.
- Contar con un mecanismo de registro de las intervenciones del profesorado para poder detectar qué alumnos y alumnas presentan más dificultades y asegurar que se realiza un seguimiento de todos a lo largo de las sucesivas sesiones.
- Disponer de momentos de reflexión colectiva sobre la labor realizada y prever momentos de intervención general del profesor o la profesora.

El cuaderno o dossier de clase es importante porque permite en cualquier momento el conocimiento por parte del profesor de la situación del alumno. En este sentido, hay que insistir mucho en la necesidad de que los alumnos y las alumnas sean muy explícitos al escribir las respuestas a las preguntas o cuestiones que pueda encontrarse en las hojas de trabajo. Habituarlos a exponer por escrito los razonamientos propios ha de ser un componente central del trabajo de matemáticas. Es algo que puede chocar con determinados hábitos o ideas del alumnado, que a menudo entiende el trabajo en el área como si estuviese orientado a dar un resultado y nada más. Hay que convencerle de que el esfuerzo de escribir más en clase de matemáticas permite detectar mejor cuáles son sus dificultades, promueve una mejor capacidad de ayuda por parte del profesorado y mejora también lo que acabará siendo la primera fuente de información para ellos mismos; es decir, su cuaderno.

El diferente ritmo de trabajo del alumnado se puede compensar dando más ejercicios a los más rápidos, pero también fomentando que sean más explícitos y cuidadosos al escribir la respuesta. Además, a veces será conveniente unificar un poco el punto donde se encuentre el alumnado, y eso exigirá realizar una clase de síntesis o puesta en común, en la que se retomarán y tratarán de asegurar los contenidos mínimos.

D2. Diversificar las formas de organización y agrupamiento del alumnado

El desarrollo de una clase permite utilizar de una manera combinada diferentes formas de organización y agrupación del alumnado, desde las situaciones de trabajo en gran grupo -con todos los integrantes de la clase- hasta el trabajo individual, pasando por el trabajo en pequeño grupo con diferentes formatos y estructuras, el trabajo por parejas, etc.

Es bien sabido que diferentes alumnos y alumnas pueden trabajar mejor y encontrarse más a gusto en algunos de estos tipos de agrupaciones: hay alumnos que no se atreven a participar en una discusión en gran grupo, pero que lo hace, en cambio en un trabajo en un grupo más reducido; hay alumnos que trabajan bien con otros, pero que presentan dificultades para concentrarse y avanzar la tarea solos; hay alumnos que trabajan muy bien individualmente, y en cambio tienen dificultades para colaborar con otros por las razones que sean... De hecho, se puede decir que el tipo de agrupación preferido por cada alumno o alumna forma parte, juntamente con otros aspectos como por ejemplo el tipo de formas de recibir la información que prefiere -visualmente, auditivamente...- o el grado de rapidez en la realización de las tareas, del estilo de aprendizaje diferencial que lo caracteriza.

En este sentido, la diversificación de las formas de organización y de agrupamiento del alumnado se convierte en un criterio relevante para favorecer una enseñanza más atenta a la diversidad, porque una utilización variada y flexible de estas formas puede permitir a un mayor número de alumnos y alumnas encontrarse cómodos en las situaciones de enseñanza y aprendizaje en las que han de participar.

Hay que señalar que el enunciado del criterio y la justificación que se acaba de hacer apuntan, fundamentalmente, a la diversificación de las formas de organización y agrupación del alumnado en el seno del aula ordinaria y en el marco de grupos de alumnos y alumnas heterogéneos en cuanto a sus conocimientos, experiencias, intereses, motivación y capacidades. A pesar de esto, el criterio puede hacer referencia igualmente –y algunos de los ejemplos que siguen así lo ilustran– a modificaciones organizativas más amplias y significativas, que afecten a todo un nivel o ciclo, en el sentido de romper con la agrupación habitual de grupos-clase por nivel de edad e intentar establecer grupos de alumnos y alumnas más homogéneos en cuanto a ciertas características relevantes desde el punto de vista del aprendizaje, con el objetivo de poder llevar a cabo en el seno de estos grupos una enseñanza más ajustada y adaptada a las características del alumnado que forme parte de ellos.

Hay que entender, sin embargo, que en todos los casos, y especialmente en el caso de estas modificaciones más amplias y significativas, las adaptaciones organizativas se han de considerar siempre como ayudas y soportes para la mejora de la acción docente y nunca como soluciones en sí mismas. En otros términos, las adaptaciones organizativas, en particular las más significativas, nunca pueden suponer el final del problema de la respuesta a la diversidad del alumnado; más bien deberían ser, cuando sea necesario, los puntos de partida para poder generar formas de intervención educativa que se ajusten más a esa diversidad. En caso contrario, algunas de estas adaptaciones pueden acabar convirtiéndose en generadoras de una segregación mayor entre el alumnado, actuando como refuerzo de la ruptura de algunos de ellos y ellas con su propio proceso de aprendizaje y, en definitiva, con la institución escolar.

Desde este punto de vista, es importante dar prioridad a las medidas de adaptación organizativa dentro de las aulas ordinarias, y considerar otros tipos de adaptaciones como medidas de carácter excepcional, vinculadas a necesidades educativas del alumnado también excepcionales. Asimismo, es necesario que las actuaciones organizativas que generan ámbitos o espacios especiales se vinculen y se articulen, en el mayor grado posible, con las actividades y las actuaciones curriculares y organizativas de carácter ordinario, y también que garanticen la posibilidad de circulación y promoción de las alumnas y los alumnos implicados hacia entornos más ordinarios y heterogéneos. Estos elementos pueden ser, de hecho, criterios básicos para valorar el funcionamiento de estas actuaciones especiales y de los espacios que hayan generado.

Ejemplificación del criterio: área de ciencias experimentales

Se presentarán dos ejemplificaciones del criterio. La primera es una secuencia de trabajo acerca de la germinación de las semillas de grano, en la que aparecen varias formas de organización y agrupamiento del alumnado:

1. Actividad individual –a partir de un único ejemplo–. Dibujo de la disección de un grano de judía –remojado– y posterior confección de una respuesta a la pregunta: «¿qué es un grano de judía seca?».
2. Actividad en grupo de tres –a partir de tres ejemplos–. Disección de tres granos –remojados–: judía, guisante y haba, y respuesta conjunta a las preguntas: «¿qué tienen en común los tres granos?», «¿cómo definirías un grano?».

3. Actividad colectiva. Observación de un vídeo sobre las etapas de una germinación acelerada.
4. Actividad en pequeño grupo. Comparación de una germinación reciente y de una planta ya desarrollada. Realización de una transparencia con el dibujo del embrión y el de la planta con cada parte coloreada antes y después de la germinación.
5. Actividad colectiva. Discusión de las transparencias de los grupos y corrección con la ayuda de una transparencia virgen.
6. Actividad individual. Colorear una fotocopia con el diseño básico del embrión y la planta según las indicaciones anteriores.
7. Actividad colectiva. Autoevaluación, a partir de la proyección de la transparencia correcta nuevamente.
8. Actividad por parejas. Contraste por parejas de los resultados de la evaluación y apoyo entre unos y otros alumnos.

Un segundo ejemplo del criterio se puede hallar en la siguiente secuencia de trabajo dirigida a los alumnos y las alumnas para que conozcan la capacidad de los alimentos para producir la energía del cuerpo –combustibles–:

1. Trabajo en grupos pequeños. Trabajo práctico en el laboratorio para detectar la presencia de dióxido de carbono y vapor de agua en el aire exhalado –mediante una prueba cualitativa–.
2. Trabajo por parejas. Medición de la diferencia de temperaturas entre el cuerpo y el entorno.
3. Trabajo con el grupo-clase. Discusión global acerca de las experiencias anteriores, estructurada a partir de preguntas como: «¿de dónde procede el dióxido de carbono del aire exhalado?», «¿por qué la temperatura del cuerpo es más alta que la del entorno?».
4. Trabajo con el grupo-clase. Experiencia de cátedra para comparar la concentración de dióxido de carbono en el aire inhalado y exhalado.
5. Trabajo por parejas. Aportación de una explicación a la presencia de dióxido de carbono en el aire exhalado y la producción de calor en el interior de nuestros cuerpos.
6. Trabajo en grupos pequeños. Experiencia de formación del dióxido de carbono, agua y calor, al quemarse combustibles y alimentos –se puede emplear el término *ecuación química*–.
7. Trabajo individual. Respuesta a preguntas acerca de alimentos y combustibles a partir de la experiencia anterior.

Ejemplificación del criterio: área de lengua

Al pensar en la programación habitual del grupo-clase, la clase de lengua permite trabajar actividades muy variadas, para las que se pueden emplear formas igualmente diversas de organización y agrupamiento del alumnado. Queda especialmente claro si se tiene en cuenta la función comunicativa de la lengua. Así, el trabajo por parejas o en pequeño grupo puede resultar especialmente enriquecedor en relación con aspectos como la comprensión y la expresión oral, el comentario de texto, la comprensión lectora, la búsqueda de información, la planificación de tareas... y, en general, cualquier situación comunicativa. El trabajo en gran grupo puede permitir la puesta en común de actividades realizadas con otros formatos, o la realización de tareas específicas, como por ejemplo los debates. También es necesario para la presentación colectiva de información por parte del profesorado, ya sea como explicación inicial o como síntesis y recapitulación del trabajo realizado. Finalmente, el trabajo individual es igualmente necesario, vinculado a alguna de las restantes modalidades o de forma específica. Todavía existen otras formas específicas de trabajo, como la tutoría entre compañeros o el apoyo de otro profesor dentro o fuera del aula, que pueden ser recursos de utilidad.

Otras posibilidades de diversificación de las agrupaciones del alumnado van más allá del grupo-clase particular y afectan a más de un profesor o profesora. Una experiencia de flexibilización de las agrupaciones, llevada a cabo en una escuela de primaria, nos sirve como ejemplo.

La experiencia supone que el alumnado siga las clases de lengua en agrupaciones específicas, que pueden coincidir o no con su grupo de edad, de acuerdo con su nivel de aprendizaje y capacidades. Esta estrategia organizativa exige que todos los maestros y maestras impartan lengua al mismo tiempo, para permitir al alumnado que se ubique en el grupo que mejor se adapte a su situación. Por este motivo es una estrategia discutida y consensuada a nivel del conjunto del centro. Generalmente, la movilidad mayor del alumnado se da al inicio del curso, pero puede haber cambios en la primera parte del trimestre o en relación con el trabajo de contenidos puntuales.

La experiencia ha sido, en general, bien aceptada por el alumnado, que sale de su clase, trabaja más a su nivel y se acerca más al de los compañeros y compañeras con los que se encuentra. Hay que indicar, en este sentido, que el alumnado se evalúa según su progreso y su trabajo, y no según su curso.

Es evidente que el currículo continúa siendo flexible y abierto en cada uno de los grupos, porque continúa existiendo diversidad de niveles y ritmos. Además, la experiencia exige una coordinación y un análisis y revisión constantes, ya que existe el riesgo de que pierda con el tiempo su carácter de instrumento de respuesta en la diversidad del alumnado.

Ejemplificación del criterio: área de matemáticas

En este caso, el ejemplo se refiere a una modificación significativa de las agrupaciones del alumnado, que rompe los grupos-clase ordinarios y afecta a todas las aulas de un mismo nivel. Se plantea para alumnos y alumnas con un importante retraso en determinados aprendizajes instrumentales, detectados a partir de pruebas específicas realizadas en paralelo a su proceso de matriculación.

La modificación consiste en hacer que el alumnado con este tipo de dificultades salga de sus aulas durante algunas horas del área, o todas, y asista a clases con un currículo adaptado e impartidas por profesores y profesoras que pueden ser los mismos, o no, que imparten el área en su grupo-clase.

La situación de este alumnado puede modificarse trimestralmente de acuerdo con la evolución escolar que experimente.

D3. Diversificar las formas de estructuración y los usos del espacio y del tiempo en las situaciones de enseñanza y aprendizaje

Un uso diversificado del espacio y del tiempo resulta importante pensando en una adecuada respuesta a la diversidad del alumnado, tanto porque se puede considerar una condición de posibilidad de muchas de las actuaciones apuntadas en otros criterios previamente presentados, como porque, en sí mismo, puede vehicular una concepción más abierta y flexible de lo que supone el aprendizaje escolar.

En el primer sentido, una gestión flexible de los espacios y los tiempos es necesaria para poder desarrollar determinadas opciones metodológicas y didácticas que permitan la respuesta a la diversidad del alumnado. La adopción de estructuras de trabajo para proyectos, talleres o rincones; la opción por un tratamiento interdisciplinario o globalizado de ciertos contenidos; la diversificación de las agrupaciones y formas de organización; la posibilidad de que los alumnos trabajen a ritmos diferentes, que organicen autónomamente su trabajo o que participen en la elección de las tareas en las que quieren participar..., son algunos ejemplos de formas de actuación que hemos apuntado en diferentes criterios anteriores y que requieren, casi como un componente intrínseco de su utilización, adaptaciones y flexibilidad en el uso de los espacios y los tiempos. Así, cuanto más se apliquen criterios de variedad y flexibilidad a la organización del espacio y el tiempo, más fácilmente podrán llevarse a cabo iniciativas metodológicas también variadas, flexibles y ajustadas a los diferentes alumnos y alumnas.

Por otra parte, una diversificación de la organización horaria y espacial puede ser, en sí misma, una medida que favorezca la atención a la diversidad. En efecto, no todo el alumnado se encuentra igualmente cómodo, interesado y motivado, ni obtiene el mismo rendimiento, en los mismos contextos físicos ni en los mismos módulos horarios. En este sentido, la incorporación de diferentes posibilidades de uso del espacio –dentro y fuera del aula ordinaria– y del tiempo puede favorecer situaciones más abiertas de aprendizaje donde diferentes alumnos y alumnas puedan encontrar más posibilidades de acercamiento a la actividad escolar. En particular, la diversidad de contextos espaciales o de utilizaciones del tiempo puede resultar especialmente favorable para aquellos alumnos o alumnas que muestran más dificultades para implicarse y participar en las formas más tradicionales de enseñanza y aprendizaje en la escuela, y puede favorecer un nuevo tipo de imagen de este aprendizaje para estos alumnos o alumnas, y una nueva relación con el mismo hecho de aprender.

Ejemplificación del criterio: área de ciencias experimentales

Tanto el espacio como el mobiliario y el equipamiento del aula condicionan las diversas actividades que se pueden realizar en el área. Unas mesas fijas impedirán o dificultarán mucho el trabajo en grupos pequeños; la falta de enchufes puede impedir la realización de ciertas demostraciones o experimentos, etc. Por este motivo hay que dar importancia tanto al mobiliario del aula –piezas móviles para configuraciones de cuatro, en forma de U, etc.– como a la flexibilidad de los espacios, con el fin de utilizar un mismo espacio de una manera polivalente –clase y laboratorio con retroproyector y vídeo, por ejemplo– o de disponer de espacios específicos para las diversas actividades.

El resto de espacios comunes del centro –pasillos, salitas, sala de actos o de alumnado, patios...– también pueden contribuir al clima educativo general y al trabajo concreto del área si se utilizan como expositores de informaciones, de murales, de dibujos, de objetos confeccionados por los alumnos y alumnas..., o como espacios de trabajo –acuario, terrario, huerto, estación meteorológica, vivero de plantas, taller de revelado, invernadero, etc.–.

Por lo que respecta al tiempo, cada actividad de aprendizaje requiere su *timing* específico, tanto por lo que respecta a la aportación de información por parte del profesorado como a las preguntas, correcciones, aclaraciones, etc. Hay que reservar tiempo también para que el alumnado entienda la información, reflexione sobre ella y la relacione con otras informaciones, la memorice, la aplique... Si se trata de un trabajo práctico habrá que buscar el momento oportuno, prever el tiempo para el registro y posterior elaboración de la experiencia, prever la eventual consulta bibliográfica complementaria, etc. Si se trata de un trabajo de investigación habrá que señalar, además, el calendario de observaciones, prever el momento del día en el que se realizarán los registros, el calendario de las salidas o actividades de recogida de información, el del procesamiento de los datos obtenidos, etc.

La posibilidad de utilizar muchas de las estrategias metodológicas que se han ido ejemplificando a lo largo de los criterios anteriores –combinar diferentes tipos de tareas, diferentes agrupaciones del alumnado, etc.– puede depender, en buena parte de la flexibilidad que admitan los diversos horarios y de la disponibilidad de tiempo, mobiliario y equipamiento adecuado.

Ejemplificación del criterio: área de lengua

Muchos de los ejemplos que se han ido presentando en relación con los criterios anteriores suponen una adaptación de los espacios y/o de los tiempos de trabajo.

Así, por ejemplo, la organización del trabajo por talleres (véase D1) supone una organización funcional de los diferentes espacios y momentos de trabajo del alumnado y de los lugares donde se encuentra el material necesario para cada taller; la flexibilidad de los grupos-clase (véase D2) necesita también una adecuación del espacio y los horarios; el trabajo en grupos pequeños, o con formas flexibles de agrupación del alumnado dentro del aula, requiere un espacio y un mobiliario adecuados; la realización de ciertos tipos de actividades, como por ejemplo un debate, requiere también una modificación espacial; la utilización de espacios comunes, como por ejemplo el patio o el pasillo, puede permitir la realización de actividades diferentes de las habituales en el interior del aula; la realización de según qué tareas puede requerir fraccionar o ampliar los módulos horarios del área, etc.

Ejemplificación del criterio: área de matemáticas

En relación con el espacio, conviene tener presentes las diferentes posibilidades de situación del alumnado dentro del aula. La distribución clásica de colocarlos en dirección al profesorado y la pizarra favorece un tipo de interacción unidireccional profesorado-alumnado, y dificulta otras formas de relación. Una distribución en la que los grupos de trabajo se sienten alrededor de una mesa facilita la interacción entre el alumnado, pero puede resultar complicada la atención al profesorado. Disponer las mesas en forma de U puede resultar una solución intermedia. En cualquier caso, la dinámica de la clase debería incorporar las soluciones adecuadas a las diversas formas de trabajo que se vayan empleando.

En cuanto a la distribución del tiempo, puede resultar muy conveniente en el área de matemáticas dedicar un volumen de tiempo importante al trabajo individual o de grupo del alumnado con seguimiento y apoyo por parte del profesorado. El modelo clásico de clase de matemáticas, apoyado en «deberes» que los alumnos y alumnas debían realizar fuera del aula y revisarlos en clase, puede suponer dificultades importantes para muchos alumnos y alumnas que todavía no tienen la posibilidad de trabajar individualmente de una manera suficientemente autónoma. Por otra parte, las diferentes actividades, los diferentes refuerzos, las diferentes agrupaciones..., a los que nos hemos referido en muchos criterios anteriores, comportan una diversificación en el uso del tiempo que no siempre ha estado presente en la enseñanza más tradicional en el ámbito del área.

5

Criterios con relación al «qué, cómo y cuándo evaluar»

La evaluación, entendida como recogida y análisis sistemático de informaciones sobre el desarrollo y los resultados del proceso de enseñanza y aprendizaje, de cara a la toma de decisiones que permitan mejorar su calidad, resulta una actividad de especial importancia en el proceso de respuesta a la diversidad del alumnado desde la perspectiva de una enseñanza adaptativa. Una información completa, detallada y rica será, efectivamente, el punto de partida necesario para realizar los ajustes y las modificaciones que sea preciso en cada momento. Por este mismo motivo, la evaluación debe ser también objeto de adaptación, de manera que los datos que proporcione no estén incompletos ni sesgados, y que recojan realmente la información relevante de todo el alumnado. Esta adaptación debe afectar tanto a la información que se recoge como a la manera y el momento en que se recoge. Igualmente, debe afectar al grado de implicación y participación de los alumnos y las alumnas en el proceso de evaluación. Estos aspectos son los que se consideran en la agrupación de los criterios en tres apartados (criterios en cuanto a qué evaluar, cómo y cuándo evaluar, y a la implicación y participación del alumnado en el proceso de evaluación). Hay que hacer hincapié en que los criterios remiten a la evaluación, tal como se ha definido, y no a la problemática, relacionada pero con evidentes elementos diferenciados, de la acreditación de los alumnos.

En este contexto se presentan a continuación los criterios siguientes de adaptación del currículo desde la perspectiva de la respuesta a la diversidad del alumnado en relación con qué, cómo y cuándo evaluar.

- Sobre qué evaluar:
  - A1. Incluir, de una forma equilibrada en los criterios y las actividades de evaluación, los distintos tipos de capacidades y de contenidos.
  - A2. Obtener informaciones lo más variadas y completas sobre el aprendizaje del alumnado, y que permitan conocer tanto sus dificultades como sus progresos.
- Sobre cómo y cuándo evaluar:
  - B1. Diversificar los momentos de evaluación.

- B2. Diversificar las situaciones y los instrumentos de evaluación.
- Sobre la implicación y la participación del alumnado en el proceso de evaluación:
  - C1. Fomentar la implicación y participación del alumnado en el proceso de evaluación.
  - C2. Ayudar a los alumnos a aprender a evaluar y regular por sí mismos el propio proceso de aprendizaje.

A1. Incluir, de una forma equilibrada en los criterios y las actividades de evaluación, los distintos tipos de capacidades y de contenidos

Al hablar del *qué enseñar* se ha hecho referencia a la importancia desde el punto de vista de la atención a la diversidad del alumnado de incluir de forma equilibrada en la programación y el desarrollo de las actividades de enseñanza y aprendizaje, los distintos tipos de contenidos (factuales, conceptuales, de principios, procedimentales, normativos, actitudinales, de valores...) y los distintos tipos de capacidades (motoras, cognitivas, lingüísticas, de equilibrio personal, de relación con los demás, de actuación e inserción en contextos sociales...). En el mismo sentido, la consideración equilibrada en las actividades y los criterios de evaluación de estos distintos tipos de capacidades y contenidos es, también, un criterio que puede favorecer una mejor atención a la diversidad del alumnado.

Por lo menos existen dos tipos de razones que justifican esta afirmación. El primero tiene que ver, fundamentalmente, con el significado y la función básica de la evolución por parte del profesorado; es decir, la obtención de una información lo más detallada posible para ajustar el apoyo y la ayuda educativa de acuerdo con los progresos y las dificultades de los alumnos y las alumnas. Desde esta perspectiva, y dado que los alumnos pueden tener posibilidades y rendimientos distintos en los distintos tipos de capacidades, la consideración de los diferentes contenidos y capacidades es imprescindible para obtener una información suficiente. No es lo mismo, por ejemplo, el alumno o la alumna que desconoce cierto concepto pero tiene interés por entender algunos fenómenos relacionados con éste, que el que tiene cierta aproximación al concepto pero que tiene dificultades para expresarlo y comunicarlo, que el que simplemente no lo ha alcanzado. Ni es lo mismo el que hace bien un algoritmo pero no es capaz de relacionarlo con su fundamentación conceptual, que el que sí puede hacerlo. Una evaluación que no tuviera en cuenta los distintos tipos de contenidos y capacidades podría desconocer las diferencias entre estas situaciones, con la consecuencia de que los distintos casos no podrían recibir la ayuda específica necesaria.

El segundo tipo de razones que justifican el criterio tiene que ver con el valor que la evaluación tiene para el alumnado como información sobre sus propias capacidades y posibilidades, y con las consecuencias que ello comporta desde el punto de vista de su autoconcepto y su implicación en el proceso de enseñanza y aprendizaje. En este sentido, una evaluación que solamente considere algunos de los tipos de contenidos, o algunos de los tipos de capacidades, puede perjudicar seriamente a aquellos alumnos con menos interés, posibilidades o competencia en aquellos aspectos, pero que, en cambio, tienen más interés, posibilidades o competencia en otros. Así, por ejemplo, una evaluación centrada exclusivamente en los aspectos conceptuales y en las capacidades cognitivas y lingüísticas favorece que cierto tipo de alumnos llegue fácilmente a la conclusión de que «no sirven para estudiar», cuando lo que sucede es que tienen dificultades o falta de interés en cierto tipo de situaciones, contenidos y capacidades implicadas en los procesos de enseñanza y aprendizaje, y que dejan de explotar otro tipo de situaciones, contenidos y capacidades en los que son más competentes y manifiestan más interés, además de que podrían servirles, en muchos casos, como vía de entrada adecuada a la actividad escolar.

Ejemplificación del criterio: área de ciencias experimentales

El área de ciencias experimentales incluye, junto con los contenidos de tipo conceptual y las capacidades relacionadas con ellos, una serie de aspectos (habilidades, hábitos de trabajo, actitudes científicas y sociales...) que hay que considerar para realizar una evaluación realmente ajustada a aquello que los alumnos y las alumnas han aprendido y deberían aprender. Aspectos como la atención y la concentración, la realización de experimentos y experiencias, las habilidades de trabajo y de estudio, la planificación del trabajo, el uso del tiempo y de los equipos, la utilización de los recursos, la iniciativa, la creatividad, la confianza y la persistencia, el respeto a la ciencia, la obertura a nuevos conocimientos, la sensibilidad ante otras opiniones, el deseo de trabajar a favor de la mejora de la sociedad, el gusto por el aprendizaje contínuo, el disfrute de la naturaleza..., resultan elementos clave desde esta perspectiva.

Así, a continuación se recogen, a título de ejemplo y sin pretensión de exhaustividad, algunas de las capacidades que sería necesario tener en cuenta para realizar una evaluación equilibrada en el ámbito del área.

1. En el ámbito motor:
   - Utilización de determinados instrumentos con habilidad, precisión y soltura.
2. En el ámbito cognitivo:
   - Conocimiento y comprensión de hechos científicos concretos.
   - Conocimiento y comprensión de conceptos y principios científicos explicativos de determinados fenómenos.
   - Utilización de los conocimientos conceptuales para analizar situaciones y fenómenos.
   - Uso de estrategias de resolución de problemas y de exploración de situaciones y fenómenos desconocidos vinculados a la investigación científica.
3. En el ámbito lingüístico:
   - Comprensión de mensajes científicos en distintos formatos.
   - Expresión de mensajes científicos en distintos formatos.
   - Uso preciso y riguroso del lenguaje del área.
   - Empleo del lenguaje matemático y de otros sistemas de notación y representación al servicio de la comunicación de contenidos científicos.
4. En el ámbito del equilibrio personal:
   - Adopción de hábitos saludables.

- Valoración de determinadas características del pensamiento científico: argumentación, rechazo del dogmatismo, capacidad crítica...
- Establecimiento de conclusiones con rigor y atención.
- Elaboración de criterios personales y razonados acerca de las cuestiones científicas y tecnológicas y sus repercusiones sociales, a partir de un proceso adecuado y completo de recogida y contraste de informaciones.

5. En el ámbito de la relación y la interacción con los demás:
   - Capacidad de trabajo en equipo.
   - Interés y valoración de los puntos de vista ajenos, e incorporación de la óptica de los demás al propio análisis de problemas y situaciones.
   - Respeto y colaboración con los demás.
   - Valoración de determinadas características del pensamiento científico: argumentación, rechazo del dogmatismo, capacidad crítica...
6. En el ámbito de la actuación y la inserción social:
   - Interés y preocupación por las repercusiones sociales del progreso tecnológico.
   - Análisis y toma de posición crítica ante las informaciones y las opiniones que tienen a su alcance sobre cuestiones científicas y tecnológicas básicas en nuestra época y sus repercusiones sociales.
   - Respeto y mejora del medio ambiente.

Ejemplificación del criterio: área de lengua

Se puede ejemplificar el criterio en relación con una unidad de trabajo de primer ciclo de ESO que se puede llevar a cabo en coordinación con el área de ciencias experimentales: «La previsión meteorológica».

En cuanto al área de lengua, los contenidos que hay que trabajar pueden incorporar, entre otros, los siguientes:

1. Como contenidos conceptuales:
   - La previsión meteorológica como subtipo de texto: su función, sus características y sus rasgos distintivos.
   - La expresión de determinados fenómenos atmosféricos, estado de la mar y del cielo, vientos...
   - Las formas verbales de futuro y el condicional.
   - Adverbios de tiempo y de lugar.
   - Etcétera.
2. Como contenidos procedimentales:
   - La planificación del texto: adecuación a la audiencia, selección y ordenación de la información, ajuste al tiempo disponible...
   - Utilización adecuada de las estructuras morfosintácticas.
   - Utilización adecuada del léxico.
   - La exposición oral: habilidades expresivas.
   - Etcétera.
3. Como contenidos actitudinales:
   - Actitud activa y crítica ante las informaciones que ofrecen los medios de comunicación.

- Interés por formular hipótesis y anticipar fenómenos.
- Interés por hacerse entender.
- Atención y escucha a los demás.
- Etcétera.

A pesar de que la planificación de las actividades y las tareas de enseñanza y aprendizaje puede llevar a trabajar determinados tipos de contenidos por separado, la evaluación deberá incluirlos a todos y considerar sus interrelaciones.

Una actividad globalizadora, como realizar una previsión meteorológica oral individualmente, previa preparación por escrito si es necesario, podrá aportar información de los tres tipos de contenidos y favorecerá una evaluación equilibrada: si los conceptos básicos se conocen y son aplicados correctamente, si los procedimientos trabajados se saben aplicar y a qué nivel, si se mantienen determinadas actitudes en la preparación y el desarrollo de la tarea... También la observación y el análisis del proceso de trabajo cotidiano, el esfuerzo realizado, el rendimiento según la capacidad, la participación y la colaboración, el interés, el progreso en relación con el punto de partida..., serán elementos que deberán intervenir en la evaluación desde esta perspectiva. Será importante, en todos los casos, la comunicación de la evaluación al alumno o la alumna, dándole a conocer los aspectos que se le han valorado mejor y los que se le han valorado peor respecto de los distintos contenidos implicados.

Ejemplificación del criterio: área de matemáticas

Una buena manera de tener presente este criterio en el área de matemáticas consiste en elaborar una lista de los distintos tipos de capacidades y contenidos que se van a trabajar, y recordarlos al diseñar las actividades y al establecer los criterios de evaluación.

Por ejemplo, en una unidad de programación de primer ciclo de ESO en la que se estudien las áreas, será preciso considerar, entre otros, los siguientes aspectos:

- La comprensión del papel de la unidad de medida al explicitar el área de una figura.
- El conocimiento de las fórmulas más usuales para calcular áreas de figuras concretas.
- La comprensión de que la razón entre las áreas de figuras semejantes es el cuadrado de la relación de semejanza.
- La habilidad de cálculo del área aproximada de una figura plana por triangulación.
- La utilización adecuada de los sistemas de unidades de medida y la realización de cambios de unidad (de metros cuadrados a centímetros cuadrados, etc.).
- La utilización y aplicación de fórmulas.
- La expresión adecuada, clara y explícita de la solución de un problema.
- La agilidad y la soltura en el empleo de la calculadora.
- La descomposición de una figura irregular, en un número adecuado de triángulos, para calcular aproximadamente su área.

- La construcción adecuada del área de figuras, objetos o superficies familiares.
- El análisis de los propios errores y la posibilidad de hallar alternativas.
- La aproximación sistemática a la resolución de problemas.
- El interés por la matematización de situaciones reales cotidianas.

La evaluación del conjunto de estos elementos requiere instrumentos, situaciones e indicadores variados, y habría que considerarlos todos para obtener una información adecuada del aprendizaje del alumnado y emitir un juicio consistente.

A2. Obtener informaciones lo más variadas y completas posible sobre el aprendizaje del alumnado, y que permitan conocer tanto sus dificultades como sus progresos

Una de las funciones fundamentales de la evaluación, desde el punto de vista de la diversidad del alumnado, es permitir que el profesor o la profesora conozca los distintos recorridos y momentos de aprendizaje por los cuales pueden estar pasando los distintos alumnos y alumnas, con el objetivo de poder ofrecer una ayuda tan ajustada como sea posible en cada caso. Para poder cumplir esta función, es necesario que la información recogida sea lo suficientemente variada y diversa, y que permita cuenta no únicamente de las dificultades y los problemas del alumnado, sino también de sus progresos. Efectivamente, si la información recogida no es suficientemente variada y diversa puede llevar a conclusiones erróneas sobre las posibilidades de aprendizaje de los alumnos (por ejemplo, pensar que no se sabe resolver cierto tipo de problema cuando lo que ocurre es que no se ha entendido lo que se pedía que hiciera) y puede impedir diseñar las formas de ayuda adecuadas. Igualmente, si la información no da pistas sobre lo que el alumno o la alumna ya conoce y es capaz de hacer, se dificulta mucho más la labor de ayudarle a resolver los problemas que pueda tener.

La consideración de este criterio supone distintas implicaciones para la práctica y se puede concretar de varias formas. Algunas de estas formas de concreción son relativamente frecuentes en la práctica evaluativa habitual, como evaluar un mismo objetivo mediante distintos tipos de pruebas, en distintas situaciones o distinguiendo entre distintos niveles de profundización o consecución. Otras son probablemente menos habituales o no siempre se aprovechan ni se emplean sistemáticamente en la práctica habitual. Entre estas últimas se pueden incluir tres tipos de recursos que, dado su interés, puede ser relevante comentar brevemente: la evaluación de la actuación de los alumnos y las alumnas cuando reciben apoyo y ayuda por parte del profesorado o de otros compañeros (y no únicamente, como se hace con mayor frecuencia, cuando se enfrentan aisladamente a las actividades de enseñanza y aprendizaje o de evaluación), la comparación sistemática entre la actuación y el aprendizaje de un alumno en un punto determinado del proceso y su propio punto de partida inicial sobre el mismo contenido, y el análisis de los errores de los alumnos.

En el primer caso se trata de ver cuál es la diferencia entre la actuación de la alumna o el alumno con ayuda y sin ayuda, y de valorar cómo y hasta qué punto se puede aprovechar de determinadas formas de apoyo, directas o indirectas, por parte del profesorado o de los compañeros. No es lo mismo, por ejemplo, la alumna o el alumno que supera sus dificultades para resolver cierto tipo de problema matemático cuando se le permite utilizar la calculadora que el que, a pesar de ello, todavía tiene las mismas dificultades; ni es lo mismo, por poner otro ejemplo, el que tiene dificultades para escribir un texto argumentativo sobre una temática determinada pero puede hacerlo si se le ofrece ayuda en el momento de planificar el texto, que el que requiere ayuda no únicamente en la planificación sino también el momento mismo de la escritura y en la revisión del texto. Esto supone considerar objeto de evaluación no solamente las situaciones tradicionales de actuación individual y aislada de los alumnos, sino también situaciones interactivas con la profesora o el profesor o con otros alumnos, y que puede existir una diferencia relevante desde la perspectiva de la evaluación del alumnado entre lo que el alumno puede hacer solo y lo que puede hacer con ayuda de otras personas.

En el segundo caso, se trata de tener como referente básico de la evaluación el punto de partida específico del alumno o la alumna. Ello nos permite articular la recogida de información precisamente en torno a los procesos y los progresos realizados desde este punto de partida particular. Este tipo de práctica evaluativa se puede concretar de muchas maneras, con la ayuda de distintos instrumentos (dossier del alumno, pautas evaluativas o autoevaluativas...) y en el contexto de estrategias metodológicas y organizativas muy diversas, desde las más «tradicionales» hasta otras como el trabajo por rincones o proyectos o las estrategias de contrato.

En el tercer caso, se trata de aprovechar la posibilidad que ofrece el análisis de los errores cometidos por los alumnos como vía para acceder a las estrategias y los conocimientos que están poniendo en juego, es decir, como vía para la comprensión de sus procesos de pensamiento y aprendizaje. Esta caracterización del error como indicador de procesos de aprendizaje del alumnado se ha trabajado particularmente en áreas como las matemáticas o las ciencias experimentales. Desde la perspectiva de la atención a la diversidad del alumnado, hay que destacar que el análisis de los errores puede ser una herramienta privilegiada que posibilite una actuación de ayuda y apoyo más personalizada a los distintos alumnos, y que, además, puede favorecer una importante modificación en la forma en que entienden y valoran sus dificultades en el aprendizaje.

Ejemplificación del criterio: área de ciencias experimentales

Se puede ejemplificar el criterio presentando algunas de las situaciones y niveles de profundización que se pueden utilizar para evaluar un objetivo concreto del área, como es el uso correcto de las unidades de las magnitudes, empleando principalmente el sistema internacional.

En una primera fase, se pueden evaluar magnitudes fundamentales, pidiendo a las alumnas y los alumnos que realicen mediciones en el laboratorio con distintos instrumentos: para las longitudes, el metro o el pie de rey; para las masas, la balanza; para los volúmenes, la probeta; para el tiempo, los relojes y cronómetros; para las superficies, papel milimetrado, etc. Más adelante, se les puede pedir que hagan cambios de unidad a otras del sistema internacional, y viceversa, con y sin tablas de conversión: medir un segmento o el perímetro de una moneda con la ayuda de una regla y expresarlo en metros, medir n volumen pequeño expresado en litros... También se podría comprobar si saben medir longitudes grandes (por ejemplo, la altura de un edificio con la ayuda de triangulaciones) o muy pequeñas (por ejemplo, el grosor de una hoja de papel) y si utilizan correctamente la notación científica al efectuar los cambios de unidad.

En una segunda fase, se puede evaluar la medición de magnitudes derivadas, como velocidades (por ejemplo, cronometrando una carrera de longitud conocida) o densidades (a partir de la medida de masas y volúmenes de sólidos o líquidos). Para conocer hasta qué punto pueden efectuar cambios con estas unidades, se les pueden dar los factores de conversión medio llenos o vacíos. También se les puede pedir que dibujen gráficos (por ejemplo, *e/t, v/t, m/v, p/m...*) en unidades del sistema internacional, dando o no la tabla de valores.

En una tercera fase, se podría comprobar si los alumnos y las alumnas pueden resolver problemas en los que deben aplicar los conocimientos anteriores. También se puede ver si conocen y emplean los múltiplos y submúltiplos de las unidades del sistema internacional.

Los distintos niveles de consecución del objetivo se pueden evaluar en distintos momentos para distintos alumnos, y pueden dar lugar a *circuitos de evaluación* específicos. Así, por ejemplo, es posible que en una evaluación inicial se detecte que algunos alumnos y alumnas no realizan correctamente la distinción entre magnitudes y unidades. Entonces se puede evaluar, después de las actividades de enseñanza y aprendizaje pertinentes, este aspecto específico, pidiéndoles que realicen mediciones (por ejemplo, de segmentos de rectas) e indiquen las magnitudes, cantidades y unidades. Asimismo, se puede graduar la comprobación de la realización de los cambios de unidad por parte de los alumnos empezando con casos sencillos, con la ayuda de tablas de conversión, e ir ampliando el grado de dificultad hasta llegar a cantidades en las que sea necesario emplear notación científica, y más adelante solicitar cambios que impliquen múltiplos y submúltiplos de las unidades. Las dificultades detectadas se podrían superar a través de tareas específicas de recuperación mediante algún tipo de contrato didáctico.

Ejemplificación del criterio: área de lengua

Se puede ejemplificar el criterio con una propuesta de evaluación en relación con una unidad de trabajo sobre el tema de la descripción. La propuesta concreta el criterio a partir de tres tipos de elementos: en primer lugar, la realización de una evaluación inicial de los conocimientos de los alumnos y las alumnas que servirá de punto de contraste sistemático para su actuación posterior; en segundo lugar, la distinción entre distintos niveles de consecución de los objetivos de la unidad, especificando los que se consideran más básicos y fundamentales; en tercer lugar, la inclusión de distintas situaciones y formas de evaluación para los diversos contenidos implicados en el trabajo.

En cuanto al primer aspecto, el proceso de trabajo de la unidad se abre con la realización de una tarea inicial de elaboración individual de un texto descriptivo a propósito de un tema determinado. Esta tarea servirá para conocer el punto de partida de los distintos alumnos y alumnas, y se tomará como punto de referencia para la evaluación que se realizará al final de la unidad. Para conseguirlo, una de las actividades de evaluación sumativa de la unidad será la revisión por parte de cada alumno del texto inicial, introduciendo en él los cambios que considere pertinentes a partir de los aprendizajes realizados, y realizando una valoración, tanto del texto inicial como del texto final y de los cambios realizados.

En cuanto al segundo aspecto, da lugar a la delimitación de tres grandes objetivos didácticos considerados básicos para el conjunto del alumnado: la realización de una planificación inicial del escrito, previa al inicio de la escritura; la utilización de estrategias de orden en la descripción como base del texto (de lo más general a lo más particular, de izquierda a derecha, de arriba abajo...), y el uso de un vocabulario adecuado (adjetivos, sustantivos, adverbios de lugar...). Estos tres objetivos se tomarán como referentes para la elaboración de una pauta de evaluación de textos descriptivos, que tanto el profesor como los alumnos emplearán a lo largo del proceso de trabajo de la unidad. La evaluación de otros aspectos (el uso de estructuras de comparación o de otros recursos expresivos para la descripción) se incorporará en un segundo tipo de pauta de evaluación, a la que los alumnos y las alumnas irán accediendo progresivamente, de acuerdo con sus progresos en relación con los contenidos básicos y con su participación en las actividades.

En cuanto al tercer aspecto, algunas situaciones y actividades objeto de evaluación explícita pueden ser, por ejemplo, las intervenciones de las alumnas y los alumnos en clase en el momento de planificar y desarrollar una descripción oral colectiva, la preparación individual o por grupos de listas de adjetivos apropiados para describir objetos, personas o situaciones particulares, la escritura de textos descriptivos de distintas características, la revisión de textos escritos por otros, etc.

Ejemplificación del criterio: área de matemáticas

La utilización prácticamente exclusiva de las pruebas escritas como fuente de información para la evaluación es una práctica que puede considerarse muy habitual en las clases de matemáticas de los niveles superiores de la educación, particularmente de la ESO. No hay duda de que esta práctica está avalada por una larga tradición y por el tipo de evaluación habitual en los niveles de educación postobligatoria, pero desde el criterio propuesto debe cuestionarse su adecuación.

En efecto, es posible que las capacidades de las alumnas y los alumnos para realizar una tarea matemática determinada no correspondan al comportamiento puntual que demuestren en una prueba escrita. Y eso ocurre porque las pruebas suponen un tipo particular de contexto que puede afectar al rendimiento del alumno o la alumna: el tiempo reducido, la situación de inquietud...., pueden provocar errores que no suponen, sin embargo, la incapacidad para resolver la tarea planteada. En este sentido, las pruebas de matemáticas tienen, para muchos alumnos y alumnas, una carga añadida de dificultad que puede afectar a su rendimiento, y que a veces está más relacionada con su propia historia escolar, con las expectativas de resultado que tienen como «aprendices de matemáticas» que con sus posibilidades de dominar la materia. Igualmente, en una prueba escrita puede suceder con frecuencia que un error concreto condicione mucho todo lo que sigue, mientras que en otra situación una simple consulta ante la duda puede permitir resolver la cuestión y evitar el error y sus consecuencias. Otra situación que se da con frecuencia en las pruebas escritas del área es que los alumnos no entienden la pregunta, de manera que cuando ven la respuesta que la profesora o el profesor consideran correcta tienen la sensación de que «eso lo sabían hacer, pero no sabían qué era lo que se les pedía». Por todo ello, los resultados de una prueba escrita pueden reflejar más un comportamiento puntual que las características del alumno o la alumna. Además, la prueba supone poner en juego distintas habilidades y destrezas, que habitualmente quedan escondidas bajo un único tipo de corrección y valoración.

Obviamente, la solución a estos inconvenientes pasa, fundamental y básicamente, por diversificar la información que se recoge sobre el alumno (por ejemplo, la manera de abordar las tareas en clase, las destrezas y habilidades empleadas, el tipo de conocimientos que pone en juego, la participación y la iniciativa que muestra, su actitud ante la materia...) y las situaciones en las que se recoge (el desarrollo de los distintos tipos de actividades habituales en clase, la resolución de tareas individualmente y en pequeño grupo, la respuesta a los trabajos o los deberes parciales que se pueden proponer, el dossier o cuaderno de clase...). No obstante, también es posible buscar utilizaciones de las pruebas escritas distintas de las tradicionales, que aprovechen sus posibilidades peculiares como instrumentos de evaluación y las ubiquen en un marco evaluativo más variado y flexible.

Dos ideas, en este último sentido, son las que se pueden llamar la *repetición de pruebas* y las *pruebas sin nota*. La repetición de pruebas supone que el alumno vuelva a hacer una prueba ya realizada, de forma individual y tras un análisis conjunto de los errores con el profesor o la profesora. La calificación de la prueba, por parte del profesorado, puede surgir de algún tipo de valoración conjunta de las dos ejecuciones de la misma, de manera que el alumno, aunque al principio sea solamente por razón de la calificación, sea consciente de la importancia de identificar los puntos en los que se ha equivocado y revisarlos.

Con respecto a las pruebas sin nota, son pruebas que los alumnos realizan y el profesor corrige y devuelve revisadas y comentadas, pero sin calificación. Desde el punto de vista del alumno, la revisión del profesor le puede permitir extraer las conclusiones pertinentes y mejorar su comprensión a partir de los errores que haya podido cometer. Desde el punto de vista del profesor, el análisis de las pruebas le puede ofrecer indicadores sobre el estado de la clase respecto del tema que se está trabajando, y también puede ayudarle a tomar las decisiones oportunas. Ambos tipos de recursos pueden llegar a ser también, con cierta facilidad y si se emplean adecuadamente, instrumentos que favorezcan la participación del alumnado en el proceso de evaluación, así como la regulación y el control cada vez más autónomos de sus propios procesos de aprendizaje.

B1. Diversificar los momentos de evaluación

La consideración de la evaluación como una herramienta al servicio del ajuste continuado del proceso de enseñanza y aprendizaje a las alumnas y los alumnos que participan en él lleva asociada, necesariamente, la caracterización de la evaluación no como práctica puntual, sino como proceso. Un proceso que se articula y evoluciona conjuntamente con el desarrollo en el tiempo de la acción educativa y con el propio proceso progresivo de aprendizaje de los alumnos.

Esta concepción de la evaluación como proceso, que se sitúa en la base del criterio propuesto de diversificar los momentos de evaluación y que se refleja en la ya clásica diferenciación entre evaluación inicial, formativa y sumativa, resulta particularmente relevante desde el punto de vista de la respuesta a la diversidad del alumnado, por lo menos por dos razones.

La primera es que la diversificación de momentos de evaluación resulta necesaria para poder diseñar y ofrecer ayudas individualizadas a los distintos alumnos y alumnas, según sus procesos de aprendizaje específicos. Así, por ejemplo, solamente si se efectúa algún tipo de evaluación inicial será posible conocer si todos los alumnos saben realmente lo que presuponemos que deben saber para implicarse en cierta unidad de trabajo y, si no es así, prever las actividades oportunas para asegurar el mínimo conocimiento compartido necesario. Igualmente, solamente si se lleva a cabo algún tipo de recogida de información durante el desarrollo del proceso de enseñanza y aprendizaje, se podrá saber cuáles son los puntos de dificultad con que se encuentran distintos alumnos, y qué tipo de apoyo específico pueden requerir.

Dicho en otros términos, y como sabemos bien todos los profesores, lo que ocurre en muchas ocasiones es que los alumnos se van «perdiendo» a lo largo del proceso de aprendizaje, y que si no somos capaces de detectar esta pérdida en el momento adecuado lo que acaba sucediendo es que, al final del proceso, se encuentran tan alejados de la posibilidad de seguir la actividad y el ritmo de otros compañeros que parece imposible resituarlos y ayudarles a ponerse al nivel. En cambio, en por lo menos un buen número de estos casos, la detección del inicio de los problemas en el momento adecuado puede suponer la posibilidad de resolverlos de una forma relativamente sencilla y en el marco del desarrollo habitual de la clase. La realización de una evaluación auténticamente continua en el tiempo se convierte, así, en una herramienta preventiva muy potente de la aparición posterior de problemas más graves en el seguimiento del proceso de enseñanza y aprendizaje.

La segunda razón por la cual desde la perspectiva de la atención a la diversidad resulta necesario diversificar los momentos de evaluación es que es una de las condiciones básicas para una valoración del alumnado que se centre realmente en sus progresos, y no solamente en sus carencias. Hacer de la evaluación una actuación puntual (como puede ser una prueba al final de una unidad de programación o de un grupo de unidades de programación) lleva a obviar que no todos los alumnos han tenido el mismo punto de partida, ni el mismo recorrido ni el mismo ritmo, para el aprendizaje de los contenidos de que se trate, y que, por tanto, un mismo resultado aparente no tiene la misma significación para unos que para otros. Solamente una recogida de información más amplia en el tiempo, y una valoración en la dimensión temporal de esta información, puede dibujar adecuadamente la imagen del aprendizaje de los distintos alumnos. Y el buen dibujo de esta imagen es necesario tanto por lo que implica de cara a la toma de decisiones en relación con las ayudas y los apoyos que se van a ofrecer al alumno o la alumna, como por lo que implica desde el punto de vista de la imagen que éste va construyendo de sí mismo en relación con sus posibilidades de aprender y mejorar su competencia.

Ejemplificación del criterio: área de ciencias experimentales

En el proceso de evaluación de las ciencias experimentales hay que tener en cuenta tres modalidades: la evaluación inicial, la evaluación formativa y la evaluación sumativa. Tomar en consideración estas tres formas de evaluación permitirá controlar de principio a fin todo el proceso de enseñanza y aprendizaje, y utilizar la información obtenida para retroalimentar continuamente su desarrollo.

La *evaluación inicial* permite determinar la situación de cada alumno al principio de una unidad de programación o de una fase de ésta, para orientar el conjunto de actividades inicialmente previstas. El análisis de dicha evaluación puede facilitar la distinción entre los contenidos adquiridos por la mayoría del alumnado, los que algunos aún no han alcanzado y los que representan una carencia general. Algunas posibles herramientas de ayuda para la evaluación inicial en ciencias experimentales son las siguientes:

- Los formularios. Son listas de ítems de contenido o preguntas de distintos tipos que los alumnos y las alumnas tienen que puntuar de acuerdo con el conocimiento que creen que tienen (por ejemplo: 1, no sé nada; 2, sé algo; 3, podría responder a la pregunta o mostrar cierto dominio del contenido; 4, podría explicar la respuesta a un compañero o una compañera o enseñarle el contenido). Por ejemplo, en una unidad sobre clasificación e identificación de los organismos, se podría pedir a los alumnos que respondieran a preguntas del tipo: «¿qué diferencia hay entre clasificar y diferenciar?» o «¿sabrías qué hacer para conocer el nombre de una planta que has encontrado?». La puesta en común posterior de los resultados puede permitir, además de dar la información diagnóstica de los conocimientos del alumnado, que maticen en varios sentidos su percepción del propio conocimiento.
- Las cuestiones de exploración. Son tareas más abiertas que los formularios, en las que se pide que apliquen algún tipo de conocimiento. Por ejemplo, en el tema anterior se podría partir de una serie de carteles representativos de distintos ecosistemas para explorar qué sabe el alumnado sobre el concepto de *diversidad de organismos* y sobre la necesidad de clasificarlos y nombrarlos científicamente.
- Los debates introductorios. Pueden ayudar a valorar tanto capacidades cognitivas como lingüísticas, de equilibrio personal de relación con los demás y de actuación e inserción social. Así, por ejemplo, un debate basado en la importancia del agua en la vida personal y de la comunidad puede permitir valorar el conocimiento conceptual inicial del tema, la capacidad de expresión oral, la capacidad de relación de ideas y la de atención, respeto y contraste de opiniones con los demás.
- Los mapas conceptuales. Son herramientas muy potentes de exploración de los conocimientos previos, pero requieren cierta experiencia, tanto para su elaboración como para su valoración. Por ejemplo, en una unidad sobre los estados de la materia se puede pedir a los alumnos y las alumnas que elaboren un mapa conceptual a partir de conceptos como *material, propiedad,*

forma, volumen, líquido, sólido, gas, masa... y de relaciones como *tiene, es, se mide, se presenta...*

La *evaluación formativa* es la que tiene lugar durante el desarrollo del proceso de enseñanza y aprendizaje y tiene como objetivo global favorecer el ajuste y la adecuación constante de los apoyos y las ayudas que se ofrecen a los alumnos y las alumnas. Un buen instrumento de apoyo a esta evaluación pueden ser las hojas de seguimiento, en las que se especifican algunos aspectos o indicadores para observar vinculados a los aspectos que se desea evaluar. Estas hojas pueden ser distintas en función del tipo de actividad o de tarea que se evalúe (clases teóricas, laboratorio, visitas, debates, resolución individual de problemas...), y pueden convertirse también en herramientas de autoevaluación para los alumnos.

La *evaluación sumativa* hace hincapié en la valoración del tipo y el grado de aprendizaje finalmente alcanzado por los alumnos y las alumnas al finalizar un determinado proceso didáctico. Parece importante (véanse los criterios A2 y B2) llevar a cabo una evaluación sumativa que recoja una información suficientemente variada y diversa y con un número suficientemente amplio de instrumentos y situaciones que permitan al alumnado y al profesorado conocer la calidad de conocimientos adquiridos.

Ejemplificación del criterio: área de lengua

La evaluación debe ser un proceso integrado dentro del proceso de enseñanza y aprendizaje y, al igual que este proceso, debe llevarse a cabo de manera continua. Será preciso, por tanto, establecer momentos evaluativos distintos, con finalidades específicas y con la posibilidad de ofrecernos informaciones también específicas.

Así, en clase de lengua, y centrándonos por ejemplo en la expresión escrita de una tipología determinada de texto, podríamos diseñar la siguiente planificación de evaluación:

- Una evaluación inicial con la finalidad de que se puedan recoger los conocimientos previos acerca de los contenidos centrales del tema. Por ejemplo, se puede proponer al alumnado un ejercicio práctico para valorar la capacidad de planificar el escrito, la posibilidad de seguir la estructura del tipo de texto del que se trate, el conocimiento de su funcionalidad, el dominio de los aspectos formales implicados... Esta evaluación nos tiene que servir de ayuda para determinar el proceso que hay que seguir.
- La evaluación durante el proceso servirá para conocer el progreso que va realizando cada alumno y para saber si se van alcanzando los objetivos propuestos. Al mismo tiempo, permitirá saber si hay que efectuar modificaciones en la planificación inicial y diseñarlas, si es preciso. Sería necesario ir evaluando progresivamente los distintos aspectos básicos implicados en el proceso, como por ejemplo:
  - El conocimiento de la correspondiente estructura textual.
  - La capacidad de planificación del escrito.
  - La capacidad de exponer las ideas y la información de forma ordenada y coherente.

- La utilización del léxico y las estructuras específicas trabajadas.
- La utilización de los signos de puntuación y el nivel ortográfico.
- Etcétera.

Esta diversificación de dimensiones de análisis y de momentos evaluativos a lo largo del proceso puede permitir saber dónde se encuentran las principales dificultades y progresos de cada alumno, en qué contenidos y en qué tipos de contenidos hay que incidir prioritariamente..., y de este modo ir ajustando en cada caso el proceso de enseñanza y aprendizaje.

- La evaluación final permite conocer el grado de consecución de los objetivos y de dominio de los contenidos que ha alcanzado cada alumno y cada alumna. Esta evaluación se puede llevar a cabo, por ejemplo, mediante una tarea de síntesis, a diferencia de lo que se proponía para la evaluación durante el proceso, que implicaba una labor evaluativa más analítica. Así pues, se puede proponer la creación individual de un texto siguiendo todos los rasgos trabajados. Nos puede aportar una información global sobre la consecución de los objetivos por parte de los distintos alumnos, y puede permitir realizar una valoración de su uso funcional en un contexto real.

Ejemplificación del criterio: área de matemáticas

En muchas unidades de programación de matemáticas puede ser útil empezar con una evaluación inicial para pulsar cuál es el conocimiento previo que tienen los alumnos y las alumnas, y para apoyar la presentación de las ideas posteriores, tanto en el sentido de incidir en los puntos en los que se detecten carencias o puntos débiles como de apoyar la presentación de contenidos que los alumnos, de acuerdo con los resultados de esta evaluación inicial, puede compartir. Esta evaluación puede tener forma de prueba escrita o realizarse mediante preguntas orales en clase.

Como ejemplo particular, se puede proponer como evaluación inicial la tarea de llenar un cuestionario del tipo KPSI (*Knowledge and Prior Study Inventory*) dirigido a conocer cuál es la idea que tiene el alumno del tema que se va a tratar. Este cuestionario, que puede resultar menos problemático desde su punto de vista que la realización de una prueba-tipo, consiste simplemente en un par de tablas (una para conceptos y otra para procedimientos) con tres columnas. La primera columna incluye todos los contenidos de estudio inmediato; en la segunda, el alumno o la alumna deberá escribir si ha estudiado o no dicho conocimiento anteriormente, y en la tercera, el grado de conocimiento y comprensión que cree que tiene de éste de acuerdo con una clasificación preestablecida.

Así, al iniciar, por ejemplo, una unidad sobre ecuaciones de segundo grado en el segundo ciclo de ESO, se podrían confeccionar las tablas de la forma siguiente:

Tabla 1

- En la columna 1 (conceptos). Ecuación de segundo grado. Solución de una ecuación. Representación gráfica de funciones de segundo grado.
- En la columna 2. Códigos: 1 (no lo he estudiado anteriormente) y 2 (lo he estudiado anteriormente).

- En la columna 3. Códigos: 1 (no lo conozco), 2 (quizá lo conozco parcialmente), 3 (tengo un conocimiento parcial), 4 (tengo un buen conocimiento), 5 (tengo un conocimiento bastante claro, lo puedo explicar a un compañero o una compañera).

Tabla 2

- En la columna 1 (procedimientos). Representación de la función x^2. Representación de una función del tipo $y = ax + b$. Desarrollo del cuadrado de un binomio.
- En las columnas 2 y 3, los mismos códigos que en la tabla anterior.

A partir del análisis de un formulario de este tipo se puede realizar una lista de los aspectos que no domina la mayoría del alumnado y que es necesario incluir en la programación general, y de los aspectos que algunos no dominan, para los cuales será preciso preparar actividades específicas de nivelación. Además, una prueba de este tipo permite ayudarles a reflexionar sobre su estado de conocimiento en relación con la unidad, y es una referencia clara de cara a la evaluación del progreso individual.

Por otra parte, a lo largo del desarrollo de las unidades de programación es posible e interesante ir evaluando el trabajo de los alumnos y las alumnas a partir de varias tareas concretas, como el dossier de trabajo personal o la realización de pruebas cortas y de corrección rápida, planteadas como tareas intermedias entre actividades de enseñanza y aprendizaje y actividades de evaluación. Esta evaluación continua a lo largo del proceso permite conocer de modo fiable el estado de las alumnas y los alumnos y realizar las modificaciones adecuadas en la programación y el desarrollo del trabajo. Además, toda la información que puedan recibir acerca de su evolución a lo largo de la unidad favorecerá su rendimiento y, muy probablemente, su implicación en el trabajo. La posible evaluación sumativa al final de la unidad se basará, por tanto, en pruebas anteriores que pueden facilitar su realización y favorecer la atribución de un sentido positivo por parte de los alumnos.

B2. Diversificar las situaciones y los instrumentos de evaluación

Las distintas situaciones y actividades de evaluación no solamente piden de los alumnos y las alumnas que pongan en juego los conocimientos de los que disponen sobre los contenidos objeto de evaluación (ya sean conceptuales, procedimentales o normativos), sino también que empleen determinados tipos de habilidades y estrategias peculiares según el tipo de tarea o actividad de evaluación, que varían entre una situación y otra. No es lo mismo, por ejemplo, evaluar un contenido como la revolución francesa mediante un ensayo escrito de tres páginas, mediante una prueba de elección múltiple de cincuenta preguntas o mediante un juego de rol en el que se plantea una situación-problema en la que el alumno o la alumna deba decidir si deja que el rey y su familia huyan del país. Tampoco es lo mismo evaluar la capacidad de formular hipótesis y extraer conclusiones a partir de la valoración de una práctica de laboratorio planificada y desarrollada en pequeño grupo durante un tiempo relativamente largo, que hacerlo a partir de un problema hipotético planteado oralmente y que exige una respuesta casi inmediata, o evaluar la capacidad de valoración y respeto al medio ambiente a partir de las respuestas a una escala de actitudes o de la constatación del trato que se da a los seres vivos en una salida al campo.

La diversificación de las situaciones y los instrumentos de evaluación es, por tanto, necesaria desde la atención a la diversidad del alumnado porque cada una de estas situaciones puede resultar más favorecedora para algunos (los que mejor dominan los tipos de habilidades más relevantes para aquel tipo de actividad o tarea) y, en cambio, dificultar la actuación de otros, de modo que si únicamente se utiliza un tipo de formato de evaluación ciertos alumnos y alumnas resultarán sistemáticamente beneficiados o perjudicados por ello. La utilización casi exclusiva de pruebas escritas, por ejemplo, supone un énfasis muy fuerte en determinadas capacidades cognitivas y lingüísticas que puede «discriminar» sistemáticamente a determinados alumnos. Algo parecido se puede afirmar del énfasis que a veces se pone en las situaciones de evaluación en determinadas capacidades de memoria o de resolución de tareas en un tiempo reducido o, al revés, de la desvalorización que pueden llegar a sufrir en las actividades de evaluación capacidades como el pensamiento divergente, las habilidades manuales o la capacidad de colaborar con otros compañeros y compañeras, por nombrar algunas muy diversas.

Por otra parte, la diversificación de situaciones e instrumentos de evaluación resulta imprescindible para poder obtener una información suficientemente variada y diversa de lo que saben los alumnos y las alumnas, y para poder evaluar equilibradamente los distintos tipos de capacidades y de contenidos. En el primer caso, porque que un alumno o una alumna tenga (o no tenga) un determinado comportamiento en una situación dada no quiere decir que domine (o no) cierto contenido o cierta capacidad. Más bien todos los profesores y las profesoras saben (y la investigación psicológica y psicoeducativa lo confirma) que a veces una simple variación en el enunciado de una cuestión hace cambiar radicalmente lo que los alumnos responden y lo que parece que saben, y que los cambios pueden ser aún mayores cuando pasamos, por ejemplo, de evaluar en el contexto del aula a hacerlo en el contexto de situaciones reales próximas a la vida cotidiana. Y en el segundo porque, como también es sabido y conocido, los distintos tipos de capacidades y contenidos requieren instrumentos de evaluación específicos: no es posible evaluar con los mismos instrumentos y situaciones la comprensión por parte de los alumnos de qué es una nota musical, la discriminación auditiva de las notas musicales o el interés por experimentar de una forma lúdica y creativa con las combinaciones de las formas musicales.

Ejemplificación del criterio: área de ciencias experimentales

Se puede ejemplificar el criterio con la indicación de algunos tipos de instrumentos y situaciones de evaluación que pueden ser útiles y habituales en las clases de ciencias experimentales:

Observación del alumno

Se puede realizar de muchas maneras y con la ayuda de distintos instrumentos específicos. Se puede distinguir:

- La observación no estructurada, que pasa por la toma de *notas de campo* en el momento o inmediatamente después de un fenómeno o comportamiento determinado en el aula que se considera relevante. Es útil para detectar dificultades y problemas en el proceso de aprendizaje de las alumnas y los alumnos. Puede concretarse en una especie de *diario de clase* realizado por la profesora o el profesor, y permite obtener información de un abanico muy amplio de comportamientos o elementos implicados en el proceso de enseñanza y aprendizaje.
- La observación estructurada, mediante algún tipo de ficha o pauta de observación que especifica dimensiones y aspectos para observar en una situación concreta. Por ejemplo, se puede elaborar una ficha de observación del trabajo de laboratorio que incluya si los alumnos interpretan los esquemas, anotan las observaciones, analizan los resultados... y en qué grado lo hacen; o una escala de valoración de algunos hábitos de estudio y trabajo de los alumnos, como por ejemplo si toman nota de las explicaciones, hacen preguntas, buscan palabras desconocidas... y en qué grado.

Análisis de producciones

Análisis de productos elaborados por el alumno o la alumna, como los cuadernos de trabajo de clase, de campo, de laboratorio, informes parciales de prácticas, etc. Puede permitir, además de la valoración de los contenidos conceptuales, la evaluación de distintos contenidos, tanto procedimentales como normativos y, además, un intercambio relativamente continuo y personalizado de información con los distintos alumnos.

Pruebas orales

Se pueden concretar en muchas situaciones diferentes: exposición autónoma por parte del alumno, debate entre alumnos, respuesta a preguntas del profesor, entrevista... Permiten obtener información sobre tipos de contenidos y capacidades muy diversos, y ofrecen como característica privilegiada la posibilidad de interactuar directamente con el alumno y, por tanto, de efectuar una evaluación muy dinámica y que tenga en cuenta el uso que realiza de las ayudas que se le pueden ofrecer, su reacción ante cuestiones o situaciones imprevistas, etc.

Pruebas escritas

Se pueden llevar a cabo de formas muy distintas, con objetivos y características peculiares y diferenciadas en cada caso:

- Las pruebas de respuesta libre permiten valorar, más allá de los contenidos conceptuales en un sentido estricto, aspectos como la selección de la información, el desarrollo lógico de la argumentación, la discusión imaginativa de los problemas, la comunicación coherente y efectiva, etc. Implican una serie de actividades y capacidades de expresión escrita que pueden favorecer a determinados alumnos y alumnas, y perjudicar a otros.
- Las pruebas de respuesta estructurada disponen de pasos con subpreguntas, en las que se pide que el alumno o la alumna reflexione sobre la informa-

ción del núcleo de la pregunta y que responda brevemente a una serie de cuestiones que se presentan de forma lineal o ramificada. El núcleo de la pregunta puede ser una descripción de experimentos o procesos industriales, de diagramas o gráficas, de datos tabulados, de fotografías... Las cuestiones suelen aparecer secuenciadas a partir de criterios, como el orden de estudio de la información, la lógica de las operaciones de cálculo, la dificultad creciente o la jerarquía de habilidades implicadas.

- La resolución de problemas por aplicación de algoritmos y fórmulas es la alternativa, a veces, más explotada en la evaluación escrita del área. Sin embargo, sería necesario evitar su uso indiscriminado y como recurso prácticamente único de evaluación, así como diversificarlas introduciendo otros tipos de situaciones de resoluciones de problemas más abiertas y heurísticas, que nos permitan saber con mayor detalle qué es lo que los alumnos han comprendido.
- Las pruebas de recuerdo de información sirven para valorar si las alumnas y los alumnos recuerdan algunos hechos, conceptos o principios científicos. Pueden implicar respuestas largas (por ejemplo, pedir que indiquen las propiedades físicas y químicas de un conjunto de elementos y de sus compuestos) o cortas (pedirles la definición de *célula* o que formalicen un párrafo con lagunas de información).
- Las pruebas de reconocimiento de información pueden ser una alternativa que favorezca a los alumnos y las alumnas que encuentren dificultades para dar explicaciones extensas, pero pueden suponer la evaluación de un tipo de habilidades cognitivas muy elementales. Pueden estructurarse en forma de pruebas de respuesta múltiple, de verdadero o falso, o de reconocimiento e identificación de elementos en gráficos o dibujos.
- Las pruebas de razonamiento intentan evaluar la capacidad del alumnado para entender los principios y sus relaciones, y aplicarlos a nuevas situaciones, o para interpretar datos y extraer conclusiones (por ejemplo, pedir qué conclusiones extraen al observar al microscopio una hoja de árbol colocada directamente sobre la platina).

En cualquiera de los instrumentos de evaluación anteriores es fundamental la rapidez en la corrección por parte del profesorado —se pueden usar recursos TIC— si pretendemos que la evaluación sirva también como actividad de aprendizaje.

Ejemplificación del criterio: área de lengua

Una vez hemos decidido, de acuerdo con los objetivos establecidos, qué información resulta relevante evaluar, disponemos básicamente de dos maneras de obtenerla: por una parte, la observación directa de la alumna o el alumno, y el análisis de su trabajo en las actividades habituales de enseñanza y aprendizaje; y por otra, la realización de actividades específicas de evaluación.

En la clase de lengua, cualquier producción de los alumnos y las alumnas, oral o escrita, puede aportar mucha información acerca de su capacidad de uso comunicativo de la lengua y su dominio de los distintos aspectos implicados. Por ello, es posible tomar como marco para la observación situaciones muy variadas: las intervenciones orales del alumnado en clase, su trabajo autónomo día a día, el desarrollo de trabajos de grupo, situaciones de entrevista, las propias consultas y cuestiones que han planteado, el análisis de sus producciones escritas... También por eso es muy importante tener sistematizada y organizada la observación que se va a realizar, para poder extraer conclusiones claras, poder comparar el trabajo de un mismo alumno en distintos puntos del proceso, poderlo contrastar con el de otros alumnos... Las pautas de observación son un buen instrumento para ayudar a sistematizar y organizar la información.

En cuanto a las actividades de evaluación propiamente dichas, podemos encontrar una gran variedad, y será necesario escogerlas de acuerdo con los objetivos y el momento del proceso. Así, por ejemplo, las situaciones de lectura nos pueden permitir evaluar la comprensión y las estrategias lectoras; la exposición oral puede permitir valorar el nivel de expresión o la capacidad de ordenar y presentar información de un alumno; el dictado nos puede permitir valorar contenidos ortográficos; la producción de un texto escrito, capacidades expresivas; el resumen o el mapa conceptual nos puede permitir ver si se ha captado la idea principal o determinadas relaciones entre ideas; las pruebas objetivas pueden permitir valorar particularmente el conocimiento de hechos y conceptos; las de composición, el conocimiento procedimental; el trabajo individual permite evaluar la actuación autónoma de cada alumno; el trabajo en grupo, capacidades de relación, cooperación, colaboración y comunicación.... Un dossier final que recoja la información recibida, los procedimientos trabajados, las creaciones propias..., puede ser una buena herramienta para evaluar la capacidad de comprensión, de relación, de verbalización..., que tiene cada alumno.

Hay que destacar la importancia de evaluar un mismo objetivo en distintas situaciones. Por ejemplo, podemos evaluar el uso de determinadas estructuras sintácticas mediante ejercicios específicos, analizando sintácticamente una oración o demostrando en un texto el grado de dominio de las estructuras. Asimismo, es importante destacar (véanse los criterios C1 y C2) la importancia de emplear instrumentos y situaciones de evaluación que faciliten la corresponsabilidad de la evaluación de los aprendizajes entre alumnado y profesorado. Las pautas de autoevaluación o de coevaluación, las pautas autocorrectivas, la grabación y el análisis conjunto de producciones de los alumnos y las alumnas, la corrección con ellos mismos, la corrección por parejas, el guión de trabajo..., serán algunos de estos instrumentos y situaciones.

Ejemplificación del criterio: área de matemáticas

La observación sistemática del aula en el desarrollo habitual de las actividades y la valoración del dossier o el cuaderno de clase de cada alumno son dos tipos de prácticas que pueden contribuir de forma importante a la diversificación de las situaciones e instrumentos de evaluación en el área de matemáticas, tradicionalmente muy centrada en las pruebas escritas.

La observación sistemática del aula puede llevarse a cabo en distintos tipos de actividades y tareas. Entre las que pueden proporcionar un caudal de información más amplio y relevante, y a la vez diverso, se encuentran las situaciones de trabajo en pequeño grupo, los debates o discusiones generales y la realización de tareas relativamente abiertas y complejas de tipo proyecto. En efecto, estos tipos de actividades permiten obtener información acerca del dominio y el uso por parte de los alumnos y las alumnas de los contenidos de carácter conceptual y de determinadas destrezas y habilidades matemáticas básicas, así como sobre el aprendizaje por parte del alumnado de estrategias cognitivas de alto nivel y de una serie de contenidos de carácter normativo y actitudinal. En todos los casos, resulta necesario establecer algún tipo de criterio de sistematicidad que asegure la regularidad de la observación de los distintos alumnos. Igualmente, la observación puede verse favorecida si se utiliza algún tipo de instrumento (pauta, rúbrica, lista de elementos que considerar...) que especifique qué aspectos se van a observar y los estructure para facilitar su interpretación.

El dossier o cuaderno de clase debería recoger las distintas actividades y tareas desarrolladas por cada alumno y cada alumna tanto en su proceso como en su sistematización final, y tanto las que se hayan llevado a cabo individualmente como las que inicialmente se han realizado de manera conjunta con el profesorado o con otros compañeros y compañeras. De modo parecido a lo que sucedía con la observación en el aula, el análisis del dossier o el cuaderno del alumno puede permitir obtener información relevante acerca de aspectos procedimentales y actitudinales de los aprendizajes difícilmente evaluables en otros tipos de situaciones.

C1. Fomentar la implicación y participación del alumnado en el proceso de evaluación

La importancia de fomentar la implicación y participación del alumnado en el proceso de evaluación desde el intento de ofrecer una respuesta adecuada a sus distintas características y necesidades viene dada por varias razones, algunas de las cuales tienen que ver fundamentalmente con la perspectiva del profesor o la profesora sobre el proceso de enseñanza y aprendizaje, y otras con la perspectiva del alumno o la alumna.

Así, y desde la perspectiva del profesorado, resulta imprescindible que las alumnas y los alumnos se impliquen en el proceso evaluativo para hacer posible la tarea de recogida de una información, lo más completa y ajustada posible, sobre cómo evolucionan los aprendizajes, qué dificultades reales aparecen y qué utilidad van teniendo los distintos recursos, apoyos y ayudas que se ponen en marcha con la finalidad de superar estas dificultades. Efectivamente, esta recogida de información puede verse seriamente dificultada, o bien completamente impedida o desdibujada, si los alumnos no desean o no pueden implicarse en el proceso: por ejemplo, cuando resuelven las tareas «para cubrir el expediente» o para satisfacer aparente o superficialmente determinados requisitos, sin mostrar su comprensión real; cuando tienen miedo de mostrar un error o una equivocación; cuando no quieren arriesgarse a dar respuestas más allá de la repetición mecánica de la información recibida... En todos estos casos resulta muy difícil disponer de información real sobre el proceso de aprendizaje que están realizando y la posibilidad de ofrecer una ayuda adecuada a los distintos alumnos y alumnas se ve seriamente comprometida.

Asimismo, y ahora desde la perspectiva del alumnado, que la evaluación pueda ser vista como una tarea propia y no como una imposición externa, como una ayuda al proceso de aprendizaje y no como una amenaza, resulta decisivo para el tipo de posición que se adopte ante el aprendizaje, y en particular de cara a la posibilidad de implicarse en el mismo de manera personal y profunda. Es sabido, en este sentido, que la manera en que los alumnos viven y entienden el proceso de evaluación marca muy profundamente el sentido que dan a la actividad escolar y al hecho de estar en clase; algo todavía más claro justamente en aquellos que tienen mayores dificultades en el aprendizaje, y que pueden ver especialmente la evaluación como un juicio externo, sistemáticamente negativo, sobre sus capacidades y posibilidades, y como un factor de desvaloración personal y social.

Lograr esta participación e implicación del alumnado no siempre es fácil, porque supone, entre otras cosas, romper con la noción, muy fuertemente arraigada, de evaluación como control y como herramienta de poder en el aula. Sin embargo, se pueden apuntar algunas ideas y comentarios al respecto.

Una primera idea que conviene destacar es que la posibilidad de que las alumnas y los alumnos se impliquen en el proceso de evaluación no puede separarse del clima global que se viva en el aula, del tipo de relaciones personales, afectivas y emocionales que se establecen, y en general del fomento de su participación e implicación en el conjunto del proceso de enseñanza y aprendizaje. De la misma manera que no se puede considerar la evaluación como algo aislado del resto del proceso de enseñanza y aprendizaje, no se puede fomentar la participación e implicación del alumnado en la evaluación sin hacerlo también en el resto del proceso. Ello supone que las distintas actuaciones que pueden potenciar globalmente la implicación y la participación de los alumnos y las alumnas (de las cuales se pueden encontrar numerosos ejemplos en los criterios anteriores de éste y de otros apartados) son también relevantes en relación con este criterio.

En segundo lugar, también es preciso señalar que la participación e implicación del alumnado dependerá, en gran medida, de cómo se les presenten, explícitamente e implícitamente, la función y los objetivos de la evaluación en la práctica cotidiana en el aula. La claridad en la presentación de los objetivos y criterios de evaluación, la presentación de la evaluación como ayuda para el aprendizaje, la insistencia en los aspectos positivos de la actuación del alumnado, la actitud positiva ante los errores que cometan... son algunos de los elementos relevantes en relación con este aspecto.

Un tercer aspecto que se puede apuntar es la diversidad de formas de favorecer explícitamente la participación e implicación del alumnado en el proceso de evaluación que pueden emplearse: presentar a los alumnos con claridad y detalle los criterios de evaluación, discutir algunos de estos criterios o todos ellos, elaborarlos conjuntamente, hacer que apliquen estos criterios a trabajos elaborados por ellos mismos o por sus compañeros y compañeras, incluir opciones en el seno de las actividades y las tareas de evaluación, ofrecerles la posibilidad de proponer y diseñar alguna de las actividades de evaluación o hacerlo conjuntamente, coevaluar determinadas tareas con el profesor o la profesora o entre alumnos, posibilitar algún tipo de autoevaluación de los alumnos total o parcial, discutir y acordar cómo se les devolverá la información de las pruebas de evaluación, tomar decisiones conjuntamente a partir de los resultados de la evaluación y establecer acuerdos explícitos que puedan revisarse más adelante, etc. Esta diversidad de formas de actuación da lugar, además, a un amplio abanico de niveles de participación e implicación del alumnado, de forma que abre la posibilidad de un trabajo progresivo, desde las actuaciones más sencillas y dependientes del profesorado hasta las más complejas y que requieren del alumnado algunos hábitos de planificación y regulación y cierta experiencia previa. Este trabajo progresivo es especialmente importante desde el punto de vista de la viabilidad real de este tipo de actuaciones: de lo que se trata, desde este punto de vista, es de ir incorporando gradualmente aquellos recursos que se adapten mejor a la experiencia y los hábitos de los alumnos y las alumnas, y de ir introduciendo progresivamente nuevas formas de actuación que les supongan mayor autonomía y responsabilidad en el proceso.

Un último elemento que hay que señalar, en cuanto a la concreción del criterio en la práctica cotidiana, es el que tiene que ver con la incorporación de los alumnos y las alumnas a la evaluación no ya de sus propios aprendizajes, sino del conjunto del proceso de enseñanza y aprendizaje. Se trata, en este sentido, de abrir la posibilidad de que ellos mismos valoren y evalúen el desarrollo global de las clases, indiquen qué aspectos les ayudan más a aprender, los que menos lo hacen, los que querrían modificar... Este tipo de actividad favorece, por una parte, que las alumnas y los alumnos entiendan realmente la evaluación como un instrumento para mejorar lo que sucede en el aula y no solamente como forma de control de lo que ellos hacen; y por otra, los sitúa explícitamente en el rol de agentes evaluadores y no únicamente en el de sujetos pasivos de evaluación.

Ejemplificación del criterio: área de ciencias experimentales

Se ejemplificará el criterio, indicando algunas formas concretas que puede tomar la participación del alumnado en el diseño, la elaboración y la aplicación de las tareas y los criterios de evaluación sumativa en el ámbito del área:

- Preguntar a los alumnos y las alumnas lo que creen que habría que destacar de la unidad trabajada, como forma de ayudarles a conocer y apropiarse de los objetivos que hay que evaluar.
- Comentar a priori y/o elaborar conjuntamente las pruebas de evaluación. Se puede proponer al alumnado que, por grupos, prepare un modelo de control con los criterios que previamente se hayan definido en clase. El control definitivo puede obtenerse a partir de los controles propuestos —con algunos cambios numéricos, por ejemplo—.
- Ofrecer cierta posibilidad de elección en las actividades y tareas de evaluación sumativa.
- Ofrecer la posibilidad, por lo menos parcial, de que los alumnos y las alumnas diseñen sus propias tareas y actividades de evaluación sumativa. Un ejemplo muy sencillo consiste en «pactar» que una de las preguntas de una prueba escrita sea una pregunta abierta propuesta y contestada por cada alumno.
- Agilizar los procesos de comunicación al alumnado de los resultados o las valoraciones de las actividades de evaluación sumativa.

- Favorecer el contraste sistemático de la evaluación sumativa en un punto concreto con el propio punto de partida, y la toma de conciencia de los progresos realizados.

También es fundamental informar y fomentar la participación del alumnado en la elaboración conjunta de los criterios de puntuación y evaluación de las diferentes pruebas.

Ejemplificación del criterio: área de lengua

Una manera interesante de hacer participar a los alumnos y las alumnas en el proceso de evaluación del área puede ser la discusión conjunta y el establecimiento de acuerdos explícitos sobre el tipo de situaciones e instrumentos de evaluación que se emplearán para cada uno de los objetivos de una unidad de trabajo determinada, previo consenso sobre estos objetivos.

Así, por ejemplo, si nos situamos en una unidad de programación sobre estrategias de comprensión lectora, podemos llegar, con la participación del alumnado, a explicitar los objetivos siguientes:

1. Autoevaluar la propia mecánica lectora.
2. Saber anticipar y formular hipótesis ante un texto escrito determinado, y realizar la comprobación posterior.
3. Utilizar el diccionario como herramienta de apoyo para la comprensión lectora.
4. Entender la idea global del texto.
5. Discriminar las ideas importantes de las secundarias.
6. Comprender algunos detalles relevantes del texto.
7. Reconocer el tipo de texto y su funcionalidad.
8. Escoger un libro individualmente, leerlo y transmitir su idea global en una tertulia en clase.

Se pueden llegar a pactar acuerdos como los siguientes:

- El objetivo 1 se valorará mediante una grabación inicial e individual de una lectura que se autoevaluará utilizando una parrilla de observación, y una grabación final para comprobar las mejoras. Se valorará el progreso individual.
- El objetivo 2 se evaluará con las intervenciones en clase y con la entrega por escrito de la comprobación de la hipótesis una vez finalizada la lectura.
- El objetivo 3 se evaluará con la elaboración a lo largo del proceso de un diccionario propio que se tendrá que presentar al final de la unidad.
- Para los objetivos 4, 5 y 6 se realizarán dos pruebas: una a la mitad del proceso de trabajo y otra al final.
- El objetivo 7 se evaluará mediante una prueba objetiva.
- El objetivo 8 servirá de evaluación global, incorporando como dimensiones de análisis todas las anteriores.

También se pueden tomar otros acuerdos dirigidos a la concreción final del proceso, como la introducción de algún momento de evaluación entre compañeros. Igualmente, será necesario acordar cuándo y cómo se devolverán los resultados de las distintas actividades y situaciones de evaluación, y qué se va a hacer con ellos. Una posibilidad consiste en utilizar la estrategia de la valoración colectiva después de cada devolución de los resultados y realizar un contrato colectivo para mejorar los resultados finales.

Ejemplificación del criterio: área de matemáticas

Se ilustrará el criterio con tres ejemplos muy sencillos de tareas que pueden favorecer la implicación del alumnado en las actividades de evaluación en el área de matemáticas.

La primera consiste en la elaboración, antes de una prueba y como actividad preparatoria, de una lista de dos columnas con «cosas que hay que saber» y «cosas que hay que saber hacer». Esta tarea se puede proponer inicialmente como actividad individual, discutirla después en pequeño grupo y, al final, realizar una revisión conjunta con todo el grupo-clase. Este tipo de actividad es muy productiva y ayuda a los alumnos y las alumnas a preparar la prueba y a comprender su sentido.

La segunda es la evaluación por parejas. Se trata de plantear alguna actividad a los alumnos y a continuación proponer que, por parejas, los compañeros corrijan el producto. Posteriormente se puede pasar el producto al profesor o la profesora, quien revisará tanto la resolución propuesta como la corrección realizada.

La tercera es la aplicación por parte del alumnado de los criterios de corrección, previamente presentados y explicados: se corrige una prueba o cualquier otra actividad, señalando los posibles errores que contiene, variaciones en la respuesta, etc. y se les pide que propongan la calificación correspondiente (propia o de un compañero). Esto puede favorecer la comprensión de los criterios de corrección.

C2. Ayudar a los alumnos a aprender a evaluar y regular por sí mismos su propio proceso de aprendizaje

En algunos criterios anteriores relativos al cómo enseñar (véanse especialmente A2 y C2) se ha hablado de la importancia, tanto desde una perspectiva global sobre los procesos de enseñanza y aprendizaje, como desde el intento de atender de forma adecuada la diversidad del alumnado, del objetivo de que *aprendan a aprender* y que sean capa vez más autónomos en la utilización de lo que van aprendiendo y en la planificación, regulación y evaluación de su propio proceso de aprendizaje. En aquellos casos se han concretado algunas repercusiones de este objetivo desde la perspectiva de la metodología didáctica y las actividades de enseñanza y aprendizaje. El criterio que ahora se presenta lo hace, complementariamente, desde la perspectiva de la evaluación, dando por sentado que se considera la evaluación como una herramienta fundamental de regulación de los aprendizajes y de acceso a su autorregulación por parte de los mismos alumnos. Desde la perspectiva de la atención a la diversidad del alumnado, y sin repetir otras consideraciones indicadas en criterios anteriores, la importancia de ayudar a los alumnos a aprender a evaluar y regular por sí mismos su propio proceso de aprendizaje debe remarcarse como mínimo por dos razones. La primera, el hecho de que permite que el propio alumno sea un protagonista básico del proceso de recogida y valoración de la información y de toma de decisiones que caracteriza la evaluación. Esto supone ventajas tanto desde el punto de vista del profesorado (porque le permite disponer del propio alumno como fuente privilegiada de información y como interlocutor en la toma de decisiones y su concreción posterior) como del propio alumno (porque le puede servir para desarrollar recursos vinculados al conocimiento y el control de sus propios procesos intelectuales y de aprendizaje, que son esenciales para la mejora de sus posibilidades cognitivas, y también porque puede favorecer que adopte formas de motivación más intrínseca y un enfoque más profundo del aprendizaje). La segunda, que favorece la actuación autónoma del alumno a lo largo del proceso de enseñanza y aprendizaje, lo cual es uno de los fundamentos en los que se basa la posibilidad de seguimiento y ayuda personalizada por parte del profesorado en este proceso.

La promoción de la autonomía y la autorregulación de los alumnos y las alumnas debe considerarse, y es preciso destacarlo, como un proceso largo y que debe llevarse a cabo de forma progresiva. En este sentido, siguen siendo válidas y relevantes algunas de las consideraciones ya apuntadas en criterios anteriores relacionados con éste, como la necesidad de una planificación detallada por parte del profesorado sobre el desarrollo de este proceso, la diversidad de posibilidades en las que se puede ir concretando, o el interés que puede tener empezar por actuaciones sencillas, y todavía con mucha supervisión del profesor o la profesora (por ejemplo, presentar con detalle los criterios de valoración de un trabajo, pedir a los alumnos y las alumnas que los apliquen y después realizar la propia corrección) para ir abriendo progresivamente grados de libertad al alumnado.

Ejemplificación del criterio: área de ciencias experimentales

Se ilustrará el criterio aportando ejemplos de algunas prácticas que se pueden emplear para favorecer el proceso de autorregulación del aprendizaje por parte del alumnado en el contexto del área: la construcción de *bases de orientación* y *cartas de estudio*, la utilización de la *V heurística*, las pruebas de evaluación entre alumnos y los cuestionarios de autoevaluación.

Las bases de orientación y las cartas de estudio son instrumentos para favorecer que las alumnas y los alumnos construyan un plan de acción que pueda desglosarse en una serie de pasos ordenados que relacionen el producto esperado con las acciones que habrán de llevar a cabo y los conocimientos que tendrán que poner en juego.

En la misma línea, la V heurística puede ser útil para ayudar a algunos alumnos a especificar, por ejemplo, la naturaleza y los objetivos del trabajo de laboratorio respondiendo a la pregunta «¿qué quiero saber?» y buscando los objetos y acontecimientos implicados –«¿qué tengo?» y «¿qué pasa?»– mediante la teoría –«¿cómo pasa?» y «¿por qué pasa?»– y la acción –«¿qué hago?», «¿qué observo y mido?» y «¿qué puedo afirmar?»–.

En cuanto a las pruebas de evaluación entre alumnos, un ejemplo puede consistir en la preparación, por parte de cada uno, de las preguntas de una prueba que formulará a un compañero o una compañera, a partir de un esquema-marco de prueba propuesto por el profesor o la profesora. Después, cada uno puede hacer la prueba que le haya tocado, y la corrección de la que había preparado. Además, se puede introducir un espacio de comentario por parejas: alumno corrector-alumno corregido. De todos modos, será necesario que el profesor reviste globalmente las pruebas y su corrección.

Con respecto a los cuestionarios de autoevaluación, un ejemplo sobre el proceso de resolución de problemas de determinados tipos puede incluir preguntas como las siguientes:

- ¿Leo las preguntas de los problemas anotando lo que se pide? ¿Sería capaz de explicarlo a un compañero o una compañera?
- ¿Busco en el enunciado o en los gráficos los datos necesarios para responder?
- ¿Escribo los conocimientos –fórmulas, definiciones...– que creo que necesito?
- ¿Planeo la resolución?
- ¿Escribo todas las operaciones de cálculo? ¿Indico las unidades?
- ¿Verifico que el resultado no sea incongruente o absurdo?

Hay que señalar que la utilización de estas técnicas de forma puntual o descontextualizada no puede garantizar, en ningún caso, la correcta evolución del proceso de autorregulación de los aprendizajes por parte del alumnado. Estas técnicas, y muchas otras, han de considerarse más bien como herramientas potenciales de apoyo para concretar los distintos elementos básicos implicados en este proceso: entre otros, y fundamentalmente, la comunicación de los objetivos de aprendizaje al alumnado y la comprobación de la representación que se hace de ellos, el dominio progresivo de las operaciones de anticipación y planificación de la acción, y la apropiación de los criterios e instrumentos de evaluación.

Ejemplificación del criterio: área de lengua

Potenciar la autorregulación del propio proceso de aprendizaje por parte del alumnado implica muchos tipos de actuaciones distintas, que afectan la dinámica global de la clase. Además, requiere distintas habilidades y hábitos por parte de los alumnos que solamente se pueden alcanzar de manera lenta y progresiva, y con el apoyo necesario. En este sentido, resulta especialmente importante ofrecerles instrumentos que puedan ayudarles en este proceso. Entre estos instrumentos pueden señalarse los siguientes:

- Las pautas de autocorrección, que ayudarán a los alumnos y las alumnas a identificar y tomar conciencia de sus aciertos y progresos y de sus errores y dificultades.
- La autoevaluación del trabajo, que puede favorecer el contraste entre la propia producción en un momento dado, el propio punto de partida y el estado y objetivo final que se pretende alcanzar.
- Los contratos de trabajo, en los que se establecerán las metas que cada uno se puede plantear a partir de un análisis de la propia situación y proceso de aprendizaje.
- Los cuestionarios, como herramienta que ayudará a la reflexión y el análisis del propio trabajo, y como ayuda para ir estableciendo criterios de valoración, seguimiento, control y planificación de su trabajo.

Un ejemplo de cuestionario sobre la elaboración de textos escritos que puede cumplir las funciones indicadas se puede parecer al siguiente:

1. ¿Te gusta escribir?
2. ¿Dedicas tiempo a pensar antes de empezar a escribir?
3. ¿Te cuesta encontrar el tema? ¿Haces algo que te ayude (listas de ideas, buscar una palabra clave...)?
4. ¿Haces un borrador, esquema o guión antes de escribir?
5. Si lo haces, ¿a qué o cómo crees que te ayuda?
6. ¿Cuándo pones título a tu escrito: antes o después de escribirlo?
7. ¿Te resulta útil tener una pauta de la estructura del texto?
8. Cuando te paras, ¿relees lo que has escrito?
9. Al terminar, ¿relees lo que has escrito? ¿Lo revisas, lo reformulas?
10. ¿Cometes errores ortográficos? ¿Cuáles?
11. ¿Consultas el diccionario si tienes dudas ortográficas?
12. ¿Consultas el diccionario para buscar sinónimos y enriquecer tu vocabulario?
13. ¿Tienes errores de concordancia?
14. ¿Te preocupas por la presentación?
15. ¿Qué aspectos de la escritura crees que deberías proponerte mejorar?
16. ¿Crees que necesitas alguna ayuda concreta?
17. ¿Crees que puedes hacer alguna propuesta concreta para mejorar tu forma de escribir o la de tus compañeros y compañeras?

Un cuestionario de este tipo puede servir de punto de partida para recoger datos, hablar con los alumnos y las alumnas, realizar una planificación de actuaciones y proponer un plan de seguimiento conjunto.

Ejemplificación del criterio: área de matemáticas

Las actividades de evaluación formativa y de autorregulación se verán favorecidas con la utilización de instrumentos que ayuden a los alumnos y las alumnas a ser más conscientes de los procesos de aprendizaje, que les permitan autovalorarse y que les indiquen las carencias que aún puedan tener. Al plantearse el empleo de estos instrumentos, el profesorado deberá valorar los que le puedan ser más útiles, e intentar asegurar que su elaboración y aplicación no resulten excesivamente complejas o laboriosas. En cualquier caso, la utilización reiterada curso tras curso, y la experiencia compartida con otros profesores y profesoras, permitirán ir disponiendo de una base rica de instrumentos que rentabilicen su uso.

Uno de los instrumentos que puede resultar más fácil de emplear en esta área es una ficha para los alumnos con los objetivos que hay que ir alcanzando a lo largo de la unidad que se trabaja, con el encargo de que un día de cada semana completen los ítems correspondientes a los objetivos que considera alcanzados y a qué nivel (por ejemplo, «todavía sin alcanzar», «alcanzado parcialmente» o «alcanzado completamente»). De esta manera, cada alumno puede realizarse una representación de su progreso y el profesor, al controlar las fichas, puede ir viendo qué puntos se van adquiriendo y a qué ritmo, lo cual le puede facilitar la orientación de las clases siguientes.

Un ejemplo para la unidad «Medir para conocer», que se programa en el primer ciclo de ESO y en la que se trabajan las medidas de longitud, capacidad y peso, puede incluir, entre otros, objetivos como los siguientes:

- Entender el carácter convencional de los sistemas de medida.
- Entender las ventajas del sistema métrico decimal.
- Conocer las unidades de longitud.
- Conocer las unidades de capacidad.
- Conocer las unidades de peso.
- Saber realizar cambios de unidad.
- Saber utilizar los instrumentos habituales de medida.
- Valorar el rigor y la atención en la toma de medidas.
- Etcétera.

En la ficha puede haber tantas columnas como semanas se prevé dedicar a la unidad, de modo que cada semana el alumno o la alumna escriba su valoración en las casillas correspondientes.

6

Algunas observaciones acerca del uso del material

1. A pesar de que la estructura y el formato del material pueden favorecer una utilización independiente y aislada de algunas partes o aspectos, no hay que perder de vista que los criterios que se proponen cobran todo su sentido cuando se consideran en conjunto, y no de forma separada. En este sentido, resulta de interés especial para el uso del material tener en cuenta no únicamente la formulación individual de cada criterio, sino también, y muy especialmente, la imagen de conjunto que se deriva de éste, las relaciones entre ellos, las referencias cruzadas entre unos y otros, la reiteración de algunos elementos de forma transversal a distintos criterios y componentes, etc. Esta ubicación de las distintas partes o aspectos en el panorama ofrecido por el conjunto del material no solamente debe aplicarse en el caso de las formulaciones de los criterios y su aplicación conceptual, sino también en lo que respecta a las ejemplificaciones en las distintas áreas, así como a la relación entre los criterios y las ejemplificaciones, por una parte, y los objetivos y el alcance del material y los referentes teóricos en los que se basa, por otra.
2. La estructura y el formato del material apuntan una potencial utilidad como apoyo al diseño y la elaboración de propuestas de actuación educativa; tanto la formulación de los criterios como sus ejemplificaciones se convierten, por su naturaleza, en herramientas especialmente útiles en este sentido. No obstante, esta potencial utilización al servicio del diseño y la elaboración de propuestas de actuación no debería impedir emplear también el material como herramienta de análisis de la práctica educativa en situaciones concretas. En este sentido, los criterios que se proponen pueden permitir identificar dimensiones e indicadores observables pertinentes para analizar y comprender mejor lo que está ocurriendo en situaciones concretas de aula, en particular desde la perspectiva de la manera en que la acción educativa que se lleva a cabo permite una atención adecuada a la diversidad del alumnado. Algo parecido puede afirmarse de los principios y las

ideas teóricas que inspiran el material, y de los aspectos concretos que se presentan en muchas de las ejemplificaciones de los criterios.

3. Las ejemplificaciones de los criterios recogen, en numerosos casos, prácticas o formas de trabajar que muchos profesores y profesoras pueden reconocer como propias y que muchas asesoras y asesores pueden reconocer igualmente como formas de adaptación y de respuesta a la diversidad que se utilizan habitualmente en muchos centros y aulas. Este hecho, en parte resultado de una elección consciente en la preparación y redacción de las ejemplificaciones debería permitir emplear los criterios, en la línea de análisis de la práctica que se acaba de indicar, para identificar actuaciones habituales de respuesta a la diversidad que funcionan y que a veces no se consideran como tales. Igualmente, debería permitir connotar positivamente determinadas prácticas y maneras de trabajar del profesorado, así como aprovechar mejor el caudal, muy importante, de actuaciones habituales de respuesta y adaptación a la diversidad que muchos profesores y profesoras llevan a cabo como resultado de su conocimiento y experiencia, a veces de forma muy intuitiva y poco teorizada. En otros términos, los usos que se den al material podrían dirigirse tanto a analizar situaciones en las que existen problemas para responder adecuadamente a la diversidad del alumnado y proponer posible actuaciones, como a analizar todo lo que funciona y es recuperable en cada situación de práctica concreta.
4. El material adopta, globalmente, la información de carácter psicopedagógico como fundamento y eje vertebrador, tanto en su concepción como en su estructura y su formato. A pesar de ello, las ejemplificaciones que se van presentando en cada área pueden dar elementos relevantes para la reflexión sobre las relaciones entre el planteamiento y la caracterización de éstas y la respuesta a la diversidad del alumnado. Entre otros aspectos, estos elementos proceden del hecho que, leídas transversalmente a los criterios, las ejemplificaciones de cada área contienen, en muchos casos, elementos e ideas comunes que tienen que ver con el sentido del área, algunas prácticas y rutinas habituales en su enseñanza, determinadas formas globales de entender la dinámica y el funcionamiento del aula en el área..., importantes desde el punto de vista de la posibilidad de ofrecer un tipo de intervención educativa más o menos ajustado a las necesidades de todos los alumnos y las alumnas y más o menos sensible a la diversidad. Este tipo de lectura del material tiene sentido particular en el contexto de sus utilizaciones como herramienta de análisis de la práctica, y como ayuda para establecer puentes y conexiones entre los criterios psicopedagógicos y el conocimiento en el que se basan, por una parte, y la práctica de la enseñanza vinculada a áreas y contenidos particulares y sus conocimientos específicos de referencia, por otra.
5. El material ha sido concebido y debe considerarse, siempre, como un material abierto, tanto a otros materiales y aportaciones como a la reflexión, los conocimientos y la experiencia de los distintos profesionales de la educación que pueden llegar a utilizarlo, así como a la interacción constante con las

prácticas sobre las cuales, finalmente, quiere llegar a incidir. Abierto en cuanto a su contenido, que, como se apuntaba en la introducción, solamente aspira a proponer algunas ideas y criterios, susceptibles en todos los casos de ampliación y mejora, y abierto en cuanto a los usos concretos que, en el contexto de sus objetivos y su alcance, se pueden considerar más adecuados y potentes por parte sus usuarios. En este sentido, y como se señaló en la introducción, se puede entender el material como una especie de caja de herramientas o de banco de ideas, que ofrece cierta estructura que puede ampliarse y rellenarse cada vez de más contenidos según su propia utilización en cada contexto y situación. Igualmente, se puede entender el material como una base para la discusión y la elaboración personal y con otros, que pretende ser útil no solamente por lo que dice directamente, sino también, y en buena parte, por lo que puede sugerir o ayudar a elaborar.

Referencias bibliográficas

AA.VV. (1992): *Formació bàsica per a la reforma. Etapa secundària obligatòria. Ciències Experimentals. Material de suport.* Barcelona. Generalitat de Catalunya, Departament d'Ensenyament.

AINSCOW, M. (2001): *Desarrollo de escuelas inclusivas.* Madrid. Narcea.

ALBADALEJO, E. (1992) [vídeo]: *La química de la cuina.* Barcelona. Edicions de la Magrana. (Versión cast.: *La química de la cocina.* Barcelona. Fundación Serveis de Cultura Popular, 1999.)

ALBADALEJO, C., GINET, A. y otros. (1987-1988): *Experiències d'innovació curricular.* Barcelona. Grup Servet. ICE de la Universitat Politècnica de Catalunya.

ALSIUS, S. (1987): *Com es fa un telenotícies.* Barcelona. Onda.

COLL, C. (1990): «Un marco de referencia psicológico para la educación escolar: la concepción constructivista del aprendizaje y de la enseñanza», en COLL, C.; PALACIOS, J.; MARCHESI, A. (comps.): *Desarrollo psicológico y educación, II. Psicología de la Educación.* Madrid. Alianza, pp. 435-453.

— (1997): «La construcció del coneixement a l'escola: cap a l'elaboració d'un marc de referència per a l'educació escolar», en COLL, C. (coord.): *Psicologia de la instrucció.* Barcelona. Edicions de la Universitat Oberta de Catalunya, pp. 427-503.

— (1999*a*): «La concepción constructivista como instrumento para el análisis de las prácticas educativas escolares», en COLL, C. (coord.): *Psicología de la instrucción: la enseñanza y el aprendizaje en la educación secundaria.* Barcelona. Horsori/ICE de la Universitat de Barcelona, pp.15-44.

— (coord.) (1999*b*): *Psicología de la instrucción: la enseñanza y el aprendizaje en la Educación Secundaria.* Barcelona. Horsori/ICE de la Universitat de Barcelona.

— (2001): «Constructivismo y educación: la concepción constructivista de la enseñanza y el aprendizaje», en COLL, C.; PALACIOS, J.; MARCHESI, A. (comps.): *Desarrollo psicológico y educación. 2. Psicología de la educación escolar.* Madrid. Alianza, pp. 157-186.

COLL, C.; MARTÍN, E.; MAURI, T. y otros (1993): *El constructivismo en el aula.* Barcelona. Graó.

COLL, C.; MIRAS, M. (1990): «Características individuales y condiciones de aprendizaje: la búsqueda de interacciones», en COLL, C.; PALACIOS, J.; MARCHESI, A. (comps.): *Desarrollo psicológico y educación, II. Psicología de la Educación.* Madrid. Alianza, pp. 395-417.

COLL, C.; PALACIOS, J.; MARCHESI, A. (comps.) (1990): *Desarrollo psicológico y educación, II. Psicología de la Educación.* Madrid. Alianza.

— (comps.) (2001): *Desarrollo psicológico y educación. 2. Psicología de la educación escolar.* Madrid. Alianza.

FORNÓS, M.; INGLADA, E. y otros (1990): *Introducció als circuits bàsics d'electricitat. Treball cooperatiu.* Institut Bernat el Ferrer, Molins de Rei, Barcelona.

GENÉ, A. (1990): *Els recursos a les ciències experimentals. Tècniques de laboratori.* Material del Programa Experimental de Reforma Educativa. Generalitat de Catalunya, Departament d'Ensenyament.

MARTÍN, E.; MAURI, T. (coords.) (1996): *La atención a la diversidad en la educación secundaria.* Barcelona. Horsori/ICE de la Universitat de Barcelona.

MIRAS, M. (1991): «Diferencias individuales y enseñanza adaptativa». *Cuadernos de Pedagogía*, 188, pp. 24-27.

NICOLSON, P.E. (1987-1988): «Què són els plàstics?» *Salter's Chemistry Project.* Science 5-16.

OÑORBE, A.M. (1993): *Resolución de problemas de física y química.* Madrid. Akal.

PRZESMYCKI, H. (1991): *Pédagogie différenciée.* París. Hachette.

THARP, R.G.; ESTRADA, P.; DALTON, S.S. y otros (2002): *Transformar la enseñanza.* Barcelona. Paidós.

UNESCO (1995): *Las necesidades especiales en el aula. Conjunto de materiales para la formación de profesores.* París. UNESCO.